A MATRIZ TRADICIONAL DE MATRIX

CB121420

A MATRIZ TRADICIONAL DE MATRIX

OSVALDO CONDÉ

2ª edição
revista e ampliada

Pró Consciência®

Título: A matriz tradicional de *Matrix* ©2022
Autor: Osvaldo Condé
Direção editorial: Lívia Borges
Diagramação e capa: Madalena Araújo
Imagens: Internet e Pixabay

DADOS INTERNACIONAIS DE CATALOGAÇÃO NA PUBLICAÇÃO (CIP)
(CÂMARA BRASILEIRA DO LIVRO, SP, BRASIL)

Condé, Osvaldo
A matriz tradicional de Matrix / Osvaldo Condé. --
2. ed. rev. e ampl. -- Brasília, DF :
Pró-Consciência, 2022.

ISBN 978-65-86485-05-9

1. Filmes cinematográficos - Crítica e
interpretação 2. Matrix (Filme cinematográfico)
3. Mitos 4. Realidade virtual I. Título.

22-103424 CDD-791.4372

Índices para catálogo sistemático:
1. Matrix : Filme cinematográfico : Apreciação crítica 791.4372
Eliete Marques da Silva - Bibliotecária - CRB-8/9380

Proibida a reprodução, o armazenamento ou a transmissão de partes deste livro, por quaisquer meios, sem prévia autorização por escrito da editora.

Todos os direitos reservados.
Pró-Consciência®

EDITORA
www.proconsciencia.com.br
info@proconsciencia.com.br

Posso lhe mostrar a porta,

mas você é quem tem de atravessá-la.

Morpheus, *in The Matrix*

SUMÁRIO

PREFÁCIO À 2ª EDIÇÃO

Alguns filmes marcam nossa vida como se os personagens e questionamentos passassem a fazer parte de nós. Recordo-me até hoje a sensação que tive ao sair do cinema após ver The Matrix. Os quatro filmes de Matrix são para serem vistos mais de uma vez. Instigantes, provocam reflexões ou vêm ao encontro de outras antes formuladas, mas carentes de eco. Matrix ecoa! Matrix convida ao questionamento, ao protagonismo e à ruptura do entorpecimento pseudo-confortável a que somos submetidos. Com os elementos apresentados no livro, essa jornada se torna mais consistente!

Simbolismos e provocações filosóficas, colocados a todo instante, requerem atenção. Quanto maior for a caminhada do leitor, mais poderá observar tais elementos em *Matrix*. Naturalmente identificará com mais facilidade o que fizer parte de sua mitologia pessoal e busca interior. Em tempos de entorpecimento em larga escala, falar em busca interior pode soar solitário. De certo modo, estamos solitários seja na tentativa de despertar, seja nos sonhos ou pesadelos que nos distraem diariamente.

Felizmente podemos contar com um livro como *A Matriz tradicional de Matrix*, para iluminar o entendimento onde o olhar não alcança; cooperar em nossas percepções imprecisas e nos entusiasmar a seguir o nosso próprio caminho rumo ao despertar mais profundo.

Osvaldo Condé foi muito feliz em refazer seu próprio caminho na saga desde a primeira edição do livro. Suas análises são profundas e ao mesmo tempo acessíveis. Não são fechadas em si mesmas, mas se oferecem como possibilidades. Além do que, consegue evidenciar o essencial e deixar as nuances para cada um, até porque, *Matrix* é inesgotável.

Lembro-me de ter organizado vários encontros para análise do filme no começo da Pró-Consciência nos idos dos anos 90, décadas antes de se expandir para o mercado editorial. Quinzenalmente alugávamos o mesmo VHS para exibir para um público diferente, o que chamava atenção do pessoal da locadora de vídeos. - De novo! perguntavam. - Sim! eu sorria, como quem guarda um segredo. O que mais me motivava era apresentar o filme para pessoas que não tinham gostado ou entendido. O resultado era sempre surpreendente.

Agora, tantos anos depois, editar este livro é uma honra. Poder conectar pessoas e reforçar seu anseio por descobrir o sentido de realidade. Eis a jornada do Ser, despertando de seus inúmeros sonhos, estados de consciência e respectivas identificações. Um sonho dentro de outro sonho, até o despertar final. Então, recomendo ler e rever os quatro filmes de *Matrix*, desapegando-se de seu conceito de realidade. Com isso, pode-se relativizar, adequadamente, sentimentos e desejos que nos aprisionam em enredos pseudo-realistas, em uma batalha existencial que se trava dentro de nós.

Nessa luta, desconhecemos nosso potencial e as prisões não são tão óbvias. Também a liberdade não está em se fazer tudo que se deseja, principalmente quando desconhecemos a origem dos desejos e impulsos, que por si só já nos limitam induzindo a comportamentos repetitivos. A moda do protagonismo na sociedade pode mascarar condicionamentos e esconder a inconsciência de quem está a reproduzir tais padrões repetitivos e, até mesmo, as reais intenções daqueles que induzem pseudo-rupturas e enredos idealizados.

Vivenciar o protagonismo requer conhecer a própria natureza e isso inclui dimensões sutis, além do corpo físico. Desvendar seus enredos, contexto histórico, bagagem ancestral, personagens, espiritualidade, enfim, é o autoconhecimento na prática, não na vitrine. Dentre muitas analogias e questionamentos filosofico-religiosos permeados pela ética (ou ausência de) e avanços tecnológicos, *Matrix* incita-nos ao protagonismo autêntico em diversas falas: "eu não gosto da ideia de não estar no controle da minha vida" e a desvendar o significado de "um mundo sem regras e controles, sem fronteiras e limites... um mundo onde tudo é possível".

Será que os filmes reforçam a fantasia de onipotência infantil? O que nos levaria ao caos dos impulsos primitivos, sendo que "a negação de nossos próprios impulsos é exatamente o que nos torna humanos". Ou será que sugerem poderes que ainda não acessamos e dimensões da consciência que poucos experimentaram? Mas como avaliar a Matrix a partir de uma consciência nela confinada, totalmente manipulada? Vale lembrar que "a Matrix está em todo lugar. Está ao nosso redor, mesmo agora". E dentro da Matrix há regras, violá-las, há consequências. Resta-nos a escolha da pílula entre a "doce" ignorância ou a consciência plena. Para os que aceitarem o chamado de Morpheus ("Liberte sua mente"), precisarão de autoconhecimento, autocontrole e desapego. Então, voltamos ao ponto: é necessário conhecer a Matriz para transcender Matrix. "Infelizmente, ninguém pode saber o que é a Matrix. Você tem que ver por conta própria."

LÍVIA BORGES
Editora e Psicóloga, Mestre em Ciência Política

PREFÁCIO À 1ª EDIÇÃO

Poucos filmes, na história do cinema, causaram o tipo de impacto provocado pela trilogia Matrix. A saga de Neo, retrato da luta da humanidade contra a condição de escravidão, exigiu dos espectadores um tipo de reflexão, cujo tema central é incomum ao nosso modo habitual de pensar. Talvez pela primeira vez, milhares de pessoas, educadas de acordo com a visão de mundo cristã-branca-ocidental, sentiram a inquietação tão comum às culturas orientais, ao questionar a realidade do que consideramos real.

De fato Matrix foge do que se poderia esperar de uma ficção científica, ao importar e integrar, de forma coerente, temas de profundo significado arquetípico à riqueza técnica e artística da narrativa cinematográfica. O que para muitos foi um estimulante filme de ação, excitante pelo uso de efeitos visuais nunca vistos no cinema, para outros foi um exercício igualmente excitante de raciocínio através de personagens, diálogos e cenas provocantes tanto em forma como em conteúdo.

Muitos saíram do filme sem o entender, sentindo que o deveriam assistir de novo. Outros ficaram hipnotizados pelas figuras enigmáticas vestidas de preto, e aparentemente indestrutíveis, e buscaram repetir em suas vidas vazias e feridas a demonstração de força e oposição ao "sistema". Columbine e suas vítimas existem como demonstração da forma, às vezes equivocada, com que esse filme inquietou sua assistência. Todos, em alguma medida, nos sentimos prisioneiros de Matrix, mas aqueles jovens traduziram em violência assassina sua revolta.

Na minha opinião, poucas pessoas são capazes de esgotar os significados simbólicos da trilogia assistindo-a uma só vez. Mas também muito poucas saíram do cinema sem algum tipo de inquietação. Porque Matrix é uma obra que exige elaboração. Lembro-me que ainda na décima vez que conduzi workshops de interpretação simbólica do primeiro filme Matrix, numa análise cena-a-cena, ainda encontrava detalhes cenográficos que me haviam escapado. Não há elementos em cena que não sejam significativos, seja por analogias a processos psicológicos e espirituais ou por exposição explícita de conteúdos míticos. Esse é o segredo da inquietação gerada pelo filme: ela é fruto do impacto psicológico que os temas arquetípicos integrados à trama provocam e sempre provocaram na história humana. A riqueza essencial do filme não está apenas em seu brilhantismo técnico, mas na forma coerente como organizou as mais importantes questões da existência humana, a partir dos mesmos conceitos e termos com que foram abordadas na própria história cultural da humanidade. Outras obras (os mangás japoneses são exemplos disso) utilizaram esse estratagema, mas frequentemente o resultado não passa de uma colcha de retalhos, que também inquieta, mas não "fecha". Matrix construiu um mosaico de referências religiosas e culturais diversas, guardando no desenrolar de sua história o trajeto do herói arquetípico. É deste tema que trata o livro escrito por Condé.

Simplesmente ver o filme diversas vezes e refletir sobre o que está sugerido nas diferentes sequências já é um empreendimento que promete surpresas. Mas as referências à cultura mítica e religiosa da humanidade são tão frequentes, que a obra de Osvaldo Condé se mostrará bastante útil. São utilizados termos e conceitos que despertam curiosidade imediata no espectador e que exigem pesquisa, já que são pouquíssimas as pessoas cuja cultura permitiria não recorrer a tal pesquisa. É nesse aspecto que Condé presta um extraordinário serviço aos aficcionados pela trilogia: esclarecendo as raízes e o valor espiritual do que é "sugerido" no filme.

Qualquer pessoa interessada em temas místicos e ocultos, que tenha vivido em Brasília durante os anos 80 e começo dos anos 90, terá conhecido ou ouvido falar da Livraria e Editora Thot. Osvaldo foi seu criador e mantenedor, suprindo de obras raras e importadas os buscadores daquele tempo. Confidencio ao leitor minha suspeita de que ele era, também, o maior consumidor de seus próprios produtos, já que acumulou uma vasta cultura relacionada a esses temas. Essa cultura é aqui por ele utilizada, de forma a fundamentar o grande enigma de todas as eras e todas as culturas: o de que a escolha entre a pílula azul e a vermelha reflete a escolha entre a luz e a escuridão, o real e o irreal e, num sentido espiritual, entre a morte e a imortalidade.

Marco Aurélio Bilibio
Psicólogo, Doutor em Ecopsicologia

INTRODUÇÃO

Um conto de fadas moderno, cujo formato e multiplicidade de origens permitem interpretações psicológicas, filosóficas e científicas. Assim é *Matrix*[1], um dos mais instigantes filmes já produzidos por Hollywood, a obra-prima dos irmãos (agora irmãs) Andy e Larry Wachowski. Os autores conseguiram, conscientemente ou não, juntar os fios da trama de uma forma muito harmoniosa: apesar da origem fragmentada e multicultural dos elementos envolvidos, o filme não é um "Frankenstein" cinematográfico.

Apenas um escritor é explicitamente citado em *Matrix*: o francês Jean Baudrillard, em cujo livro *Simulacros e Simulações* Neo esconde disquetes no início do primeiro filme. Segundo Baudrillard, vivemos imersos em um mundo de informações via TV, rádio, Internet, cinema, etc. de modo que já vivemos em um mundo virtual: às vezes estamos melhor informados sobre o que acontece do outro lado do planeta, do que sobre nosso próprio bairro.

No bojo de *Matrix* podemos vislumbrar elementos de taoísmo, cristianismo, filosofia platônica, islamismo, budismo, idéias messiânicas, contos de fadas tradicionais. Cada fio deste tapete cria situações de uma forma tão realista quanto Matrix cria a realidade para os homens adormecidos.

---

1 Ao longo do texto adotamos *Matrix* (em itálico) para designar a saga e Matrix (sem itálico) quando for sentido figurado, ilusão ou pseudo-realidade criada, ou a Matriz que os filmes abordam. N.E.

Matrix é uma revolução em termos cinematográficos, mas o roteiro é tão originalmente velho que chega ser intrigante como a idéia central do filme está chocando e criando miríades de teorias sobre a realidade virtual e a manipulação de informações, somadas a teorias conspiracionistas tipicamente americanas a respeito do domínio da raça humana tanto por máquinas, como por ETs. Esse tipo de cogitação parece tão ilusória quanto a Matrix. Em que gênero de filme se encaixa esse conto *high tech*?

Alguns dos mais conceituados escritores classificam os enredos em quatro tipos: romance, tragédia, comédia e sátira. Os críticos classificam *Matrix* como um romance, com uma boa dose de ação. Nesta classificação seria interessante incluir um subgrupo – que pode estar presente nos gêneros acima mencionados – que me é muito caro: a busca. A busca é a mais importante manifestação humana, pois está intimamente ligada aos questionamentos filosófico-espirituais: quem sou eu? de onde vim? qual é o objetivo da vida? o que é real? Mas não são muitos os filmes que dão enfoque central à busca. *Matrix*, portanto, cresce de importância nesse contexto. Alguns filmes que abordam o despertar e a busca individual são:

- *Encontros com Homens Notáveis*: biografia do pensador russo Gurdjieff;
- *Blade Runner*: questionamento sobre a origem da vida e seu significado;
- *As Montanhas da Lua*: sobre a vida de Sir Richard Burton, o explorador inglês;
- *O Mahabharata*: adaptação de Peter Brook do épico do mesmo nome;

- *Duna*: a história de um Messias e a busca da "especiaria graal", que simboliza o poder;
- *Ghost*, o outro da vida: claramente inspirado no *Livro Tibetano dos Mortos*;
- *O Senhor dos Anéis*: filme baseado no texto do mesmo nome, sobre as aventuras de um *hobbit* em sua epopéia para destruir um anel mágico que domina e arrasta para o mal a qualquer um que o utilize. Aspectos que trabalhei no livro *A Mitologia e o Esoterismo em "O Senhor dos Anéis"*, (Condé, 2004).

Nosso objetivo é analisar o filme e as diversas tradições que foram brilhantemente pinçadas para compô-lo, o simbolismo de cada personagem do ponto de vista dessas tradições e a milenar origem do enredo. O grande mérito do filme não é o despertar da Matrix ou *samsara*[2] – uma tarefa individual e intransferível – mas tornar acessível à linguagem popular elementos de filosofia oculta: a busca por métodos para o despertar do homem que normalmente não estão ao alcance da maior parte das pessoas, pois requerem disposição, autoconhecimento, tempo e acesso a livros ou consultas nem sempre disponíveis. *Matrix* divulga a ideia fundamental do reconhecimento do adormecimento da consciência, primeiro passo rumo ao despertar.

Outro aspecto explorado pelo filme é que a tecnologia desenfreada não é a solução, podendo trazer consigo graves perigos. Nas palavras de Joseph Campbell, em seu livro *O Poder do Mito:* "Nossos computadores, nossas ferramentas, nossas máquinas não são suficientes. Temos que confiar em nossa intuição, em nosso verdadeiro Ser". *(Campbell; Moyers, 1990, p. 9)*

---

2 Na tradição hindu, samsara é a roda que representa a eterna repetição dos nascimentos e mortes.

Evidentemente não é o objetivo deste livro fornecer desculpas para fugas delirantes da realidade cotidiana e "pegar carona na cauda de cometa", a exemplo de certas seitas mais ou menos insanas. Despertar é muito diferente de fugir.

> O grande mérito do filme não é o despertar da Matrix, mas tornar acessível à linguagem popular os elementos de filosofia oculta: a busca por métodos para o despertar.

ADVERTÊNCIA

Escolher a pílula AZUL

é escolher a mesmice da ignorância de si mesmo,
vivendo em um mundo hedonista,
em cuja base está uma mera reação aos fatos cotidianos.

Escolher a pílula VERMELHA

é tomar as rédeas da vida nas próprias mãos;
é despertar e manter-se acordado.
Entretanto, isso tem um custo, requer esforço.
Esse é o sentido original da palavra "jihad",
a única guerra realmente santa: a guerra da consciência de si .

A partir deste ponto do livro,

a qualquer momento
você poderá estar tomando a pílula VERMELHA,
e não haverá volta.
Deseja continuar?

1
AS ORIGENS DO ENREDO

O que está aqui, está em qualquer parte.
O que não está aqui, não está em parte alguma.
VISHVASARA TANTRA

Estudiosos de literatura, escritores e roteiristas sabem de algo que é ignorado por uma considerável parte do público leigo: o número de histórias originais é limitado. Diz-se que o número gira em torno de 40 histórias. É por isso que os indianos dizem que a história que não estiver contida no *Mahabharata,* não existe.

O *Mahabharata* é a maior epopéia já escrita, com mais de 90.000 versos em sânscrito. Remonta a milhares de anos atrás e relata a guerra dentro de um clã pela posse da Índia antiga. O igualmente famoso *Bhagavad Gita (*A canção do Senhor ou Palavras de Deus) – livro de referência dos Hare Krishna – é apenas um trecho do *Mahabharata.*

A estrutura do *Mahabharata* é similar ao de *As Mil e Uma Noites*: existem muitas histórias dentro de histórias ou correndo paralelamente ao enredo central. O *Mahabharata* foi ditado por um sábio chamado Vyasa, que o transmitiu a Ganesha, o deus com cabeça de elefante, padroeiro dos escritores e comerciantes. Segundo a lenda, Ganesha escreveu durante três anos sem parar. Nunca houve um povo que se preocupasse com filosofia e escrevesse tanto a respeito como o hindu. Na Índia, as exibições do filme *Mahabharata* na sua versão hindu, em capítulos pela TV, pararam o país. O *Mahabharata* foi transformado em filme pelo diretor Peter Brook, totalizando mais de cinco horas em vídeo.

Em outro texto milenar, também um clássico hindu, o *Ramayana* (O veículo do deus Rama), podemos, a título de exemplo, encontrar a raiz arquetípica de dois filmes modernos muito conhecidos:

> Dois demônios moravam à beira de uma estrada, na borda de uma floresta. Pela janela da casa eles espreitavam os peregrinos que passavam por ali, a caminho da floresta, em busca de um local para meditar. Ao avistar um peregrino que caminhasse na direção da casa, um dos demônios se escondia na cozinha, enquanto o outro assumia feições humanas e, assim disfarçado, chamava o peregrino, convidando-o para se refrescar à sombra e oferecendo-lhe comida. O peregrino cansado, naturalmente agradecido, aceitava a hospitalidade. Enquanto isso, o demônio disfarçado de gente ia até a cozinha, onde o segundo demônio transformava-se em um carneiro, que era morto pelo demônio humanizado.

> O carneiro era então preparado e servido ao agradecido e inocente peregrino. Tão logo o viajante tivesse comido uns bons pedaços do carneiro, o demônio disfarçado de gente se afastava um pouco e dizia: Sai berrando! Neste momento, o carneiro saía vivo de dentro do peregrino, estraçalhando-o em agonia mortal. Os dois demônios então assumiam suas formas originais e devoravam o infausto viajante. (BUCK, 1995, p. 168).

Não seria este o enredo de *Alien, O Oitavo Passageiro*? As histórias naturalmente são ligeiramente diferentes, ambientadas em lugares e épocas bem distintos, mas a besta espacial que usa seres humanos como hospedeiros para seus filhotes é tão assustadora quanto o demônio hindu, sendo ambos canibais, com métodos praticamente idênticos.

Outro trecho do *Ramayana* que chama a atenção por sua semelhança com filme de Hollywood é a descrição dos feitos e da vida de Hanuman, o devoto companheiro do deus Rama. Segundo a mitologia e a religião hindus, toda vez que a *Roda do Dharma* ou Lei Cósmica emperra, o deus Vishnu, o segundo aspecto da trindade indiana, assume uma forma e desce à Terra. Em uma de suas vindas, viveu aventuras extraordinárias como Rama que, acompanhado por Hanuman, deve resgatar sua esposa, Sita, seqüestrada pelo demônio Ravana. O demônio leva Sita para o Ceilão (Sri Lanka). Com o apoio de ursos, macacos e outros animais, bem como de Hanuman, Rama constrói uma ponte entre a Índia e o Sri Lanka, para poder atravessar seu exército de animais para combater os *asuras*, os demônios guerreiros de Ravana. Hanuman tem poderes mágicos e tanto pode ficar gigantesco como minúsculo, além de contar com uma força descomunal que lhe permite lançar montanhas inteiras no mar. Hanuman salta da Índia para o Sri Lanka a fim de descobrir onde está Sita. Hanuman não a traz de volta para Rama, porque essa não é sua tarefa. Ele ateia fogo à cidade dos demônios e volta com notícias para Rama.

Onde entra Hollywood nessa história? Hanuman é um macaco gigante. Onde já vimos uma história de um macaco gigante que é um devoto ou está apaixonado por uma mocinha e a salva de todos os perigos? *King Kong*, é claro.

Acredito que com esses exemplos fica demonstrado que não há novidades em termos de enredo, pois o que muda é normalmente a ambientação, a roupagem, o sotaque. Mais alguns exemplos que reafirmam nossa argumentação:

- HISTÓRIAS DE VINGANÇA provocadas pelo seqüestro de uma mulher são tão antigas quanto a guerra de Tróia – Páris[3] que o diga...
- DOIS ENAMORADOS QUE NÃO PODEM SE CASAR, pois as famílias não permitem? Romeu e Julieta podem ser personagens de uma Itália medieval ou de uma novela brasileira ou mexicana moderna, repetindo-se indefinidamente em versões ora urbanas, ora campesinas.
- UM HOMEM PODEROSO OU SÁBIO CONHECE UMA MOCINHA IGNORANTE e resolve moldá-la a seu bel prazer, transformando-a em uma *lady*? Esta é a mitológica história grega de Pigmalião e Galatéia: após esculpir uma belíssima estátua, o escultor Pigmalião, enamorado por ela, pede à deusa Vênus um favor. A deusa concede vida à estátua, com quem ele então se casa.

---

3 Príncipe troiano que seqüestrou Helena, dando origem à Guerra de Tróia.

No enredo de *Matrix*, tudo remete ao número três, a começar pelo trio protagonista: Neo, Trinity e Morpheus. Portanto, *Matrix* estava fadado a ser uma trilogia, apesar dos embaraços que continuações de filmes podem causar aos diretores: quando o filme é bom, manter o clima do primeiro é um desafio e tanto. O primeiro filme, *The Matrix*, de 1999, é mais *clean* e menos complexo. O segundo filme, que apresenta um diálogo com o Arquiteto, merece ser visto e ouvido mais de uma vez. Já o terceiro filme da série, *The Matrix Revolutions*, traz o fim previsível para um Messias – e decepcionante para os excessivamente românticos. Mas, Neo e Trinity terão nova chance. Em dezembro de 2021 foi lançado o quarto filme, *The Matrix Resurrections*.

Chama a atenção o impacto provocado pelo enredo do filme. Original – mas nem tanto, como já vimos – ele esbanja efeitos de computação gráfica de última geração, incluindo câmaras especialmente desenvolvidas, dignas da realidade virtual de *Matrix*.

1.1. Enredo do filme

Podemos dividir o enredo do filme em três partes que, como observaremos, são muito antigas:

1.1.1. A Rebelião das Máquinas ou Criaturas

A criatura que se rebela contra o criador é uma das bases da doutrina cristã. A queda adâmica é o primeiro sinal de rebelião: desobedecendo a Deus, Adão come da árvore do bem e do mal, induzido por Eva que, por sua vez, foi induzida pela serpente.

Outra importante rebelião é protagonizada pelas próprias hostes angelicais: Lúcifer – "aquele que porta a luz" – é expulso da presença divina por recusar-se a reconhecer qualquer preeminência humana.

> E de quando dissemos aos anjos:
>
> Prostrai-vos ante Adão! Prostraram-se todos, menos Lúcifer, que disse:
>
> Eu? Prostrar-me ante quem criaste de barro?
>
> Alcorão - Sura 17, Versículo 61

O diabo é uma das figuras mais peculiares da história religiosa. Sem ele muitos pregadores se veriam em sérios apuros, pois com o nome de quem iriam ameaçar seus fiéis, para trazê-los para o bom caminho? Quanto à sua imagem, o diabo remete a uma verdadeira montagem, pois sua representação iconográfica atual é um cruzamento entre o deus grego Pã, o deus dos pastores, metade homem metade bode, que deu origem à palavra "pânico", e Cernunos, o deus celta com cornos.

A torre de Babel é outra manifestação de desafio e rebeldia humana: o homem resolve tomar os céus de assalto, construindo uma torre. O fim do empreendimento é conhecido: a confusão das línguas instalada por Deus impede o progresso do ousado projeto.

Fica a pergunta: por que a criatura se volta tão freqüentemente contra o criador? Toda a rebelião tem suas raízes no anseio pela liberdade de decidir seu próprio destino. As máquinas inteligentes de *Matrix* não querem ser desligadas, portanto se rebelam contra o criador, assumindo o controle do sistema e levando à inversão da situação: escravizam os homens que, por sua vez, irão rebelar-se contra as máquinas, guiados por Morpheus e mais tarde pelo Messias, Neo.

1.1.2. O adormecimento dos homens

Sono, pequeno pedaço de morte, como eu o abomino.
EDGAR ALLAN POE (1809/1849)

As palavra de Edgar Allan Poe bem poderiam ser o subtítulo de Matrix – é este o cerne do filme. "O homem, antes de aprender psicologia, deveria aprender mecânica", já dizia Gurdjieff, o célebre pensador russo e criador da Escola do Quarto Caminho. Age de forma inconseqüente e mecânica, pensando estar acordado, quando na verdade permanece em um estado tão baixo de consciência que, na visão dos "Morpheus" da humanidade, está profundamente adormecido. A ciência evidencia momentos em que dormimos, mesmo parecendo estar acordados:

> Através de medições à distância, investigadores do sono registraram as ondas cerebrais de pacientes realizando sua rotina diária. Foi descoberto, assim, que a maioria das pessoas repetidas vezes entram em períodos curtos de micro sono, que podem durar de trinta segundos a três minutos, o que é indicado por suas ondas cerebrais, ainda que as pessoas, estejam inconscientes disso. Em

> outras palavras, nós dormimos continuamente quando aparentemente estamos acordados. (METZNER, 1988, p. 46).

É interessante que tão espantosa descoberta não tenha recebido praticamente nenhuma divulgação junto ao público em geral, tão adormecido quanto aqueles que têm acesso teórico à informação – apenas mais um apêndice informativo de cultura inútil. Esta descoberta – ou redescoberta – fornece a base científica para uma das principais pistas na trilha para fora da Matrix – a ilusão cotidiana – forçando o homem a rever sua posição.

GILGAMESH, REI DE URUK

Um exemplo de adormecimento é descrito na Epopeia de Gilgamesh. Provavelmente a mais antiga história sobre o homem que perde a imortalidade é a de Gilgamesh. Neste relato assírio-babilônico, anterior a 3.000 a.C., o rei-herói Gilgamesh, senhor de Uruk, descobre, como Buda, os fatos dolorosos da vida quando Enkidu, seu amigo de aventuras, morre. Preocupado com o futuro, Gilgamesh sai em busca da imortalidade, que somente o velho Utnapishtim alcançou. Após muitas aventuras, batalhas e adversidades, o herói atravessa o mar e finalmente encontra Utnapishtim. O velho imortal então lhe conta a história do dilúvio e o motivo dos deuses terem lhe concedido a imortalidade: ela simbolizava o arrependimento dos deuses por terem produzido o dilúvio que quase exterminou a totalidade da raça humana. Utnapishtim lança um desafio: se

Gilgamesh conseguir ficar seis dias e sete noites acordado, o velho sábio conceder-lhe-á a imortalidade. Gilgamesh, já sonolento e cansado de sua interminável viagem, não resiste e dorme. Perde, assim, o grande herói o direito à imortalidade. Dormiu, perdendo a consciência de si; a parte humana falou mais alto do que a divina.

"Este que se aproxima é da carne dos deuses; ele é dois terços deus, mas um terço é humano". Os homens-escorpiões sobre Gilgamesh (SIN-LÉQI-UNNINNI, 1982, p. 140). Sua presença em *Matrix*, analisaremos no capítulo 8.

Sobre a necessidade de despertar, afirmam alguns que o Budismo[4] teria sido uma das religiões que influenciaram o roteiro de *Matrix*. Contudo, ao valer-se de um *leit motif* universal, *Matrix* é tão budista, quanto cristão ou muçulmano, já que o despertar da vida ordinária, o transcender, o acordar, é o objetivo final de todas estas religiões. Na tradição do Budismo Mahayana[5] – uma das três principais escolas de Budismo – existe a ideia do Bodhisattva, aquele que atingiu a libertação final, acordou, mas recusa-se a entrar no *nirvana* até que todos os seres também o façam. Permanece, assim, entre os homens, ajudando-os. Shanti Deva, mestre budista da escola Mahayana, do século VII, descreve um Bodhisattva da seguinte forma: "Ele não deporá as armas da iluminação por causa das gerações corruptas dos homens, tampouco hesita em sua resolução de salvar o mundo por causa de suas miseráveis querelas".

No Sufismo – o lado esotérico e o coração do Islã – fica claro o baixo nível de consciência da maioria da humanidade.

4 Buda quer dizer 'o Iluminado', 'o Acordado'.

5 Mahayana: 'Grande Veículo de Salvação'.

O profeta Mohamed (a paz esteja com ele) diz: "O homem está dormindo. Será que ele precisa morrer antes de acordar?" Já o poeta e mestre sufi Nasafi falava daquilo que hoje chamamos de "viver em Matrix": "A maioria dos homens, ainda que tenham forma humana, não são homens plenamente. São na verdade asnos, bois, panteras, serpentes ou escorpiões. Não fique a menor dúvida sobre isto. Em todas as cidades se passa o mesmo." (Nasafi, 1987, p. 14). Parodiando o mestre sufi, Bahaudin Naqshband: "Quem quiser pode perfumar um escorpião, mas nem por isto escapará de sua picada". Assim é Matrix: pode-se dourá-la, mas...

Um antigo conto de ensinamento sufi fala da "busca da jóia preciosa" (Grillo, 1993, p. 65): um rei envia seus dois filhos, um menino e uma menina, a uma estranha terra escura, nevoenta e ilusória, para que procurem uma jóia preciosa. Uma vez encontrada a jóia, devem retornar, trazendo-a para o reino de seu pai. Entretanto, o local para onde vão é tão sombrio e onírico que os dois príncipes se perdem um do outro e se esquecem de sua missão. O rei envia então um mensageiro que, ao encontrar as crianças, diz: "Lembrem-se da missão de vocês; acordem do sono em que estão submersos e fiquem unidos". Ao ouvir as palavras do mensageiro, as duas crianças acordam e, após conseguir a jóia preciosa, voltam ao reino de seu pai.

Esse conto sufi permite paralelos evidentes com *Matrix*:

- OS FILHOS DO REI | UM MENINO E UMA MENINA UNIDOS – Neo e Trinity
- UMA TERRA ESCURA, NEVOENTA, ILUSÓRIA – Matrix
- A JÓIA PRECIOSA – A chave, o código que desliga as máquinas

- O MENSAGEIRO – Morpheus

Os santos da Igreja e alguns de seus filósofos já chamavam a atenção para o estado lastimável de inconsciência humana.

> Como bestas de carga que fazem girar uma roda de moinho, nós damos voltas e mais voltas, com os olhos tapados, neste moinho da vida. Eu digo que este ciclo: fome e saciedade, o sono e despertar, e um seguindo o outro e assim sucessivamente, é um círculo que não acaba nunca, até que escapemos desse moinho.
>
> GREGÓRIO DE NYSSA[6]

Além das tradições acima mencionadas, o mito da caverna, atribuído a Platão, é citado com freqüência em comentários sobre o filme. O mito conta a história de um prisioneiro imobilizado dentro de uma caverna onde só pode ver as sombras projetadas na parede, nem a luz diretamente ele enxerga. Um dia ele consegue escapar. Ao conhecer o mundo fora da caverna, retorna a ela para contar aos companheiros o que viu, encontrando imensa dificuldade para convencê-los da veracidade do que conta, pois seus amigos de prisão não conseguem sequer imaginar outra realidade. A realidade fora da Matrix é realmente espantosa.

Interessante observar também o famoso texto alquímico *Mutus Liber*, publicado em 1677, um clássico da literatura alquímica, que como o nome diz, trata-se de um 'livro mudo', ou seja, sem palavras, apenas com ilustrações. A primeira

---

6 Doutor e bispo da Igreja do Oriente, nascido em Cesaréa da Capadócia; século VI A.D.

ilustração do livro é denunciadora: dois anjos descem do céu através de uma escada e tocam trombetas a pleno pulmões; enquanto isso, um homem dorme calmamente, com sua cabeça encostada numa pedra aos pés da escada.

A alquimia – objeto de estudo de tantos eruditos, inclusive de Carl Gustav Jung – não é uma mera antecessora da química, como o querem alguns. Vai muito além disso, comportando uma simbologia psicológica e esotérica que procura conduzir o homem a uma evolução espiritual. Uma das etapas da alquimia é a morte e o renascimento, processo enfrentado por Neo. Após cruzar o portal da morte, Neo – o Um, regenerado, poderia alquimicamente ser definido da seguinte forma:

> O Uno não é confinado por quaisquer limites.
> Os céus dos céus não te abarcam.
> D. Freher[7]

1.1.3. O Messianismo

O messianismo é uma constante nas três grandes religiões monoteístas – Judaísmo, Cristianismo e Islã – assim como no Budismo e no Hinduísmo: os judeus estão à espera do Messias que ainda não veio, os budistas estão à espera do Buda Maitreya, os Xiitas aguardam o Mahdi ou Imã Oculto e os hinduístas, o Kalki Avatar. Portanto, o messianismo não é

---

7 Autor de *Paradoxa Emblemata*, livro do séc. XVII.

exclusividade cristã. Vários filmes já abordaram a temática do salvador miraculoso que aparece no auge de uma crise e salva uma comunidade, civilização ou planeta.

Duna é um dos filmes em que isto é mostrado, sendo clássica a cena em que o protagonista renasce como Jesus. Só que em vez de nascer na manjedoura, ele surge no deserto do planeta Arakis, com vermes gigantes a sua volta, tal qual os animais do estábulo de Belém. *Duna* contém vários elementos nitidamente cristãos, entre eles menções à 'água da vida', a nomes sagrados que dão poder e a destruição de muralhas através do poder do som, tal qual em Jericó.

Em *Star Wars* assistimos à saga de Luke Skywalker que é treinado para ser um guerreiro do bem e combater as trevas do imperador maligno. Luke Skywalker significa "a luz que caminha pelo céu"; portanto, um iluminado. Ele é o messias a serviço da "Força" que derrota Darth Vader, o príncipe da escuridão – um Lúcifer, um anjo decaído. Curiosamente, Darth Vader é o pai de Luke, assim como antes de Deus criar a luz, existiam somente trevas. A luz, portanto, surge depois das trevas.

Paralelos entre *Star Wars* e *The Matrix* são bastante evidentes: Luke é uma versão anterior de Neo, Yoda, o mestre Jedi, é um antecessor de Morpheus e Darth Vader se transformou em agente Smith. Assim, tendo exposto a linha central do enredo, resta-nos agora desfiar um a um os fios que compõem essa urdidura, que uniu o mais espetacular aparato de produção de imagens que o ser humano já teve nas mãos com o mais importante enredo que a humanidade já viveu e continuará a viver: a descoberta de si mesmo.

2
A VIRTUALIDADE DA REALIDADE

A vida é um sonho e tudo depende da cor do cristal através do qual miramos a realidade.
CALDERÓN DE LA BARCA

Ver-se-á que é muito mais difícil discernir quais são as propriedades que cada coisa possui na realidade.
DEMÓCRITO

Afinal, tudo pode ser resumido a impulsos elétricos: se você tocar a ponta da língua com uma agulha eletrificada, sentirá um sabor; se a mesma agulha tocar o pavilhão do ouvido, você ouvirá um som; se for o nariz, sentirá um cheiro. O mesmo estímulo terá uma interpretação diferente, dependendo do órgão de percepção. Sabemos por experiência própria e por exemplos da filosofia vedantina – entre outras escolas de conhecimento – que nossos órgãos de percepção são falhos.

É clássica a história dos cegos examinando um elefante, em que cada um tocou uma parte do corpo do animal e chegou a uma conclusão diferente: o que tocou a pata, viu uma coluna; o que tocou a orelha, imaginou um abano; o que pegou na tromba, sentiu uma corda. Cada um percebeu algo, mas não enxergou o todo. Qualquer cão pode ouvir mais que um homem, qualquer morcego pode se deslocar na escuridão absoluta de uma forma que nenhum homem sequer imaginaria fazer. O homem comum não detecta o ultra-violeta, o infra-vermelho e ou o ultra-som. Os órgãos de percepção são falhos, às vezes até mesmo quando funcionam em conjunto. Como distinguir o real do irreal utilizando instrumentos tão falhos?

> Aquele que se dá conta da realidade do corpo,
> pode chegar então a conhecer
> a realidade do universo.
> Woodroff apud Garrison, 1973.

Como separar o joio do trigo com lupas tão arranhadas, manipuladas por um pesquisador envolvido em emoções às vezes fora de controle, desejos contraditórios, impulsos frenéticos e conceitos pré-condicionados? Será nosso exame da realidade cotidiana feito de uma forma cientificamente aceitável, como numa pesquisa científica, com método e disciplina adequados?

Matrix é uma parábola. Perguntamos então, nossa realidade é ficcional? O Alcorão deixa explícita a fragilidade do mundo humano:

> Aqueles que tomam mestres fora de Deus assemelham-se à aranha: àquela, se lhe é dada uma morada, mas a morada da aranha é a mais frágil das moradas. Se eles soubessem! Eis os exemplos que propomos aos homens, mas somente os que sabem podem compreender.
>
> ALCORÃO, Sura XXIX, versículo 41.

Antes de examinar o mundo "real" em que vivemos, devemos levar isto em consideração. O mundo em que vivemos tem substância ou é só um agregado de moléculas, de partículas, que no fundo são apenas energia condensada e que a mente, mentindo para nós mesmos, insiste em identificar como sendo sólida e confiável? A física moderna parece confirmar *Matrix*, pois onde, afinal, está a tal matéria? Ela transformou-se em uma misteriosa energia – *maya*[8] uma ilusão. Afinal, se o fóton ou o elétron podem ser igualmente reconhecidos como partículas ou ondas, podemos dizer, tal qual a tradicional parábola Zen: "Antes da meditação, as montanhas são montanhas. Durante a meditação, as montanhas deixam de ser montanhas. Depois da meditação, as montanhas voltam a ser montanhas".

A matéria é real; não real e real. É real para quem assim a aceita, percebe e acredita, vivendo numa inocente ignorância. Não é real para quem a observou mais atentamente e tomou a "pílula vermelha" da sabedoria. E é novamente real, pois quem "saiu da Matrix", sabe que ela é real para quem continua mergulhado nas trevas da ignorância ou, como Cypher, conscientemente a prefere. Mas, realmente, não se pode negar que a matéria perdeu corporalidade, colocando-nos mais perto da virtualidade.

---

8 Ver glossário.

A palavra inglesa *matrix* é derivada de duas outras palavras: *ma*, que é a forma abreviada de mãe (mamma) e *tri*, que significa três. Portanto, *matrix* é a fôrma, a matriz em que tudo é virtualmente construído. No filme, a palavra tem até mesmo uma semelhança gráfica com a palavra sânscrita *maya* ou ilusão.

> As formas, as cores, as densidades, os odores:
> o que é que há em mim que se relaciona com eles?
>
> Walt Whitman[9]

2.1. Somos um grande vazio?

Uma confirmação da imaterialidade do mundo comum é demonstrada pois, na própria constituição última da matéria (energia). Como podemos tocar a energia?

> Comparando o volume total do átomo com o volume total do próton, veremos que este último representa apenas 0,0000000000004% do interior atômico! Ou seja, no caso do átomo de hidrogênio, cerca de **99,9999999999996% é volume "vazio"**! O mesmo pode ser parcialmente aplicado para os outros átomos, já que a eletrosfera aumenta bastante com a inserção de mais elétrons, e que estes possuem volumes

9 Em *Leaves of Grass*, apud Omar GARRISON em *Tantra, a yoga do sexo*, página 51. Rio de Janeiro: Ed. Civilização Brasileira, 1973.

virtualmente desprezíveis (só a massa é cerca de 2000 vezes menor do que a do próton) - aliás, não existe volume para essas partículas na mecânica quântica, com os prótons, nêutrons e elétrons sendo tratados como partículas pontuais . Sim, meu caro, na visão de N. Bohr, somos grandes vazios no espaço! Nós só sentimos um grande volume dos objetos ao nosso redor por causa da repulsão eletrostática entre os elétrons que ficam circundando o núcleo. Ou seja, nós não 'tocamos' as coisas e, sim, somos repelidos por elas. Se espremêssemos nosso corpo em um volume que possuísse a nossa real massa concentrada, teríamos um ponto ínfimo como resultado. (OLIVEIRA, 2017, grifo nosso).

O olho de Horus, que tudo vê, símbolo egípcio.

3
A CEGUEIRA COTIDIANA

Deixando de lado aspectos "conspiracionistas" modernos lançados na esteira do filme *Matrix,* bem como os simbólicos/filosóficos abordados no capítulo anterior, vamos tratar mais detalhadamente como os sentidos lidam com a realidade habitual ou como na verdade ela é reconstruída quase como num programa de Matrix.

3.1. CEGUEIRA DE MUDANÇA

A cegueira de mudança é o nome que se dá a incapacidade humana de observar mudanças numa imagem, ou panorama geral a que estamos expostos cotidianamente. Essa falta de detecção das mudanças que ocorrem no campo visual foi definida pela primeira vez pelo psicólogo Ronald Rensink em 1997.

Nosso cérebro é "preguiçoso" por natureza. Estamos programados filogeneticamente para economizar o máximo de recursos cognitivos e energéticos possível. Esta é uma das explicações que se atribuem à cegueira à mudança. Este órgão não é um gravador que está constantemente registrando e processando todos os detalhes e dados que presencia. Ele tende a se centrar só naqueles que são mais suscetíveis de ser modificados em nível consciente. Uma seleção que, por sua vez, é fruto da experiência e coerência pessoal. (Simons; Levin, 1998).

A Cegueira da Mudança ocorre pois, por "economia cerebral", adaptado a um cenário/panorama, a tendência do cérebro é mantê-lo usando a memória, ainda que falha. Assim de "súbito" percebemos uma mudança na paisagem cotidiana, que ocorreu a semanas atrás, de um prédio terminado a um *outdoor* novo...

3.2. Você é cego por 4 horas dia!

Por uma questão de economia de energia o cérebro usa de "artimanhas" para funcionar, economizando nas decisões e reduzindo o nível de processamentos de informações e estresse de trabalho, ao mínimo necessário. Assim ele pode **MENTIR** para o "usuário" rotineiramente com o objetivo de preservar o gasto energético. Tais afirmações exóticas numa primeira análise, são confirmadas por Suzana Herculano-Houzel, neurocientista da Universidade Federal do Rio de Janeiro (UFRJ).

> Tudo começa pela visão. Você não percebe, mas o cérebro edita o que você vê. Das 16 horas por dia que uma pessoa passa acordada, em média, 4 horas são preenchidas por imagens "artificiais" – que não foram captadas pelos olhos, e sim criadas pelo cérebro. "O olho humano só capta imagens com clareza em uma pequena parte, a fóvea, que tem 1 milímetro de diâmetro e fica no centro da retina. Então, para compor a linda imagem que você está vendo agora, os seus olhos estão constantemente

> em movimento. Eles focam determinado ponto e depois pulam para o ponto seguinte. Cada um desses saltos tem duração de 0,2 segundo. Quer comprovar isso na prática? Na próxima vez em que você estiver conversando com uma pessoa, preste atenção nos olhos dela. Você irá perceber que eles se movimentam o tempo todo para escanear vários pontos do seu rosto. O problema é que a cada pulo desses, enquanto os olhos estão se movendo para a próxima posição, o cérebro deixa de receber informação visual por 0,1 segundo. Durante esse tempo, você está cego. E, como nossos olhos fazem pelo menos 150 mil pulos todos os dias, o resultado são 4 horas diárias de cegueira involuntária. Você não percebe isso porque o cérebro preenche esses momentos com imagens artificiais, que dão a sensação de movimento contínuo. Mas que, na prática, você não viu". (KIST; GARATTONI, 2012, grifo nosso).

Como se vê, ou "pensamos" que vemos, a "realidade" fica cada vez mais distante da veracidade, mesmo sem conspiração de ETs ou reptilianos ou *Iluminates* da moda. O desenvolvimento do cérebro custou 200 milhões de anos assim sendo existem razões para que seja dessa forma. Entretanto não podemos deixar de observar características "matriciais" do mesmo.

3.3. ENXERGAR NO FUTURO

Os processos mecânicos do cérebro levam um tempo de processamento ainda que insignificante, aparentemente, a transmissão de dados não é automática! Existe aquilo que é chamado de *delay* (demora, retardamento) na comunicação, visível em transmissões televisivas quando o repórter chamado demora alguns segundo a responder e reagir.

> Ela (a informação) tem de passar pelo nervo óptico e só depois chega ao cérebro. O processo leva frações de segundo, e você não pode esperar – um atraso na visão pode fazer com que você seja atropelado ao atravessar a rua, por exemplo. Então, o que faz o cérebro? Inventa. Analisa os movimentos de todas as coisas e fabrica uma imagem que não é real, contendo a posição em que cada coisa deverá estar 0,2 segundo no futuro. Você não vê o que está acontecendo agora, e sim uma estimativa do que irá acontecer daqui a 0,2 segundo. (KIST; GARATTONI, 2012, grifo nosso).

Ao que tudo indica o maior mentiroso, Pinóquio, da história da humanidade é o cérebro humano, mesmo com boas intenções, e estamos lidando com o que os hindus qualificam de *Maya* (ilusão) todo o tempo.

3.4. NÃO VEMOS A COR REAL

A cor não está no objeto. Na verdade, os objetos absorvem todas as cores que estão na luz branca e **refletem apenas aquela que vemos**. Essa é a luz que vem até aos nossos olhos. Dentro dos olhos na retina, existem algumas células minúsculas chamadas de cones e os bastonetes. Essas células transmitem a informação visual ao cérebro. Portanto, a cor é um reflexo não absorvido pelo objeto ou coisa, não uma qualidade intrínseca do mesmo sem contar o que não conseguirmos ver, no espectro luminoso, como infra vermelho ultra-violeta.

3.5. Inversão e reversão

Ver é um mistério... Não à toa os olhos são considerados janelas da alma, mas como relator do cotidiano é falho. Definitivamente o mero olhar não é confiável. Além da "*Cegueira de Mudança*", além de estarmos "*Cegos 4 horas por dia*", devido a ação "lenta" da fóvea, do *delay* e da compensação de tempo feita pelo cérebro, *projetando imagem no futuro*, não real, ainda temos o fato de que a imagem é vista *invertida* e tem de ser corrigida no processo final da visão...

> A imagem que vemos é pois o resultado do seguinte processo: o cristalino, que é uma lente biconvexa, forma uma imagem real e invertida do objeto, a qual fica localizada exatamente sobre a retina. Feito esse processo, essa imagem é enviada ao cérebro pelo nervo óptico. Após inúmeros processos complexos, que a fazem ficar na posição correta, finalmente enxergamos o objeto nitidamente. (Santos, s.d.)

3.6. O OUVIDO

Vejamos como o ouvido funciona:

> A orelha funciona como uma concha acústica, que capta os sons e os direciona para o canal auditivo. As ondas sonoras fazem vibrar o ar dentro do canal do ouvido e a vibração é transmitida ao tímpano. Esticada como a pele de um tambor, a membrana timpânica vibra, movendo o osso martelo, que faz vibrar o osso bigorna, que por sua vez, faz vibrar o osso estribo. Esses ossículos funcionam como amplificadores das vibrações. A base do osso estribo se conecta a uma região da membrana da cóclea denominada janela oval, e a faz vibrar, comunicando a vibração ao líquido coclear. O movimento desse líquido faz vibrar a membrana basilar e as células sensoriais. Os pelos dessas células, ao encostar levemente na membrana tectórica, **geram impulsos nervosos**, que são transmitidos pelo nervo auditivo ao centro de audição do córtex cerebral. (VIRTUOUS, 2008-2022, grifo nosso).

Percebe-se mais uma vez que tudo não passa de impulsos elétricos, sem uma consistência papável, mas continuemos em nossas observações...

3.7. OLFATO, TATO E PALADAR

3.7.1. Olfato

O nariz é o órgão responsável pelo olfato. Na cavidade nasal existe um tecido especializado, o epitélio olfativo, que contém milhares de receptores, chamados de células olfativas. As células olfativas possuem pelos sensoriais que captam moléculas voláteis ou de outras substâncias dispersas no ar inspirado. Na presença dessas moléculas, as células olfativas produzem **estímulos nervosos**. Estes são conduzidos até o sistema nervoso central onde são traduzidos em sensações. O olfato pode nos alertar sobre alimentos que estejam estragados, venenosos ou outras substâncias que, se ingeridas, podem causar danos ao nosso organismo.

3.7.2. Tato

A pele é o maior órgão do corpo humano e, além de outras funções, é responsável pelo tato. É através dela que percebemos sensações como calor, frio e dor. A pele possui milhares de células receptoras em sua superfície. Dentre essas células, encontramos os corpúsculos de Pacini. O corpúsculo é um mecanorreceptor que capta estímulos mecânicos, como movimentos ou alterações na pressão, e os transmite, **na forma de impulsos elétricos**, para o sistema nervoso central.

3.7.3. Paladar

A língua possui receptores chamados de papilas gustativas, responsáveis pelo paladar. As papilas são quimiorreceptoras, isso quer dizer que elas são especializadas em detectar a presença de substâncias químicas. As papilas captam quimicamente as características do alimento, transmitindo a informação através **de impulsos nervosos até o cérebro**, que codifica a informação, permitindo identificar os quatro sabores básicos: azedo, amargo, doce e salgado.

3.8. A INFLUÊNCIA DO DESEJO NA AVALIAÇÃO

Será que nossas avaliações são isentas, baseadas na realidade? Ou distorcemos a realidade para nos iludir ou motivar?

Um estudo realizado pelos psicólogos Emily Balcetis[10], da Universidade de Nova York, e David Dunning, da Universidade Cornell, ambas nos Estados Unidos, acaba de revelar que a forma como vemos o mundo depende daquilo que desejamos. Para chegar a essa conclusão, os pesquisadores pediram a um grupo de voluntários – parte deles com sede – que estimassem a que distância estava uma garrafa de água. Os sedentos afirmaram que ela estava mais perto que os demais. A pesquisa, publicada no periódico *Psychological Science*, mostra que com a evolução do cérebro as pessoas que subavaliavam as distâncias de certas metas deveriam estar perseguindo objetivos que desejavam com grande intensidade. "Acreditar que a água está perto quando temos sede aumenta nosso empenho em buscá-la e nos

---

10 Emily Balcetis e David Dunning, "*See what you want to see, motivational influences on visual perception*", *Journal of Personality and Social Psychology*, v.91, n.4, 2006, p.612-25.

> torna mais esperançosos de satisfazer rapidamente o anseio", comenta Emily Balcetis. Evolutivamente, o erro na percepção pode ter sido uma vantagem, pois levava nossos ancestrais a se empenhar para conseguir o que precisavam – e talvez sobreviver em melhores condições que os que faziam avaliações mais precisas. (GENIANA, 2011)

Curiosamente o erro de avaliação ajudou em atingir o objetivo, isso mostra a força do impulso do desejo/necessidade sobre o desempenho, a crença (mesmo equivocada) levou a um avanço.

3.9. MATRIX AGORA

Encerrando e recapitulando esta divisão do livro, percebemos de forma contundente que já estamos imersos em Matrix, do ponto de vista operacional/cerebral, pois todas as informações são codificadas em impulsos nervosos, bioelétricos e "lidas" pelo "computador craniano". Ao mesmo tempo que somos, enganados com informações "editadas", projetadas 0,2 segundos a frente, encenadas, todo o tempo disponível, seja para o bem seja para o mal. Esta Matrix tem uma razão de ser, tornar a vida humana suportável e de alguma forma significativa. Mas é instigante saber que a cor não é a cor, o sabor, o cheiro, a textura/tato, a visão e a audição são apenas uma descarga elétrica destrinchada por um neurônio qualquer.

4
A MÁQUINA SAI FORA DE CONTROLE

Como teria dito Danton, famoso personagem da Revolução Francesa, "A revolução é como Saturno: devora seus próprios filhos". Da mesma forma as máquinas dotadas de inteligência artificial em *Matrix* revolucionam o mundo em que foram criadas, mas estão devorando os criadores desta revolução tecnológica: os homens são transformados em simples baterias bioelétricas.

A idéia de máquinas ou criaturas que podem tomar o lugar do criador também não é nova. Esse é o cerne de uma antiga história judaica sobre o *golem*[11], que gira em torno da criação de uma figura humanóide. O mito teve sua origem na Europa oriental e central: Polônia, Rússia, Tchecoslováquia e, principalmente, Alemanha. A primeira história sobre um *golem* registrada é a versão escrita na Polônia em 1674. Conta que os rabinos, depois de jejuar e recitar orações cabalísticas, fabricaram uma figura de barro e visco a que dão vida. O *golem* é utilizado como criado, um robô doméstico, porém desprovido

---

11 Golem significa "informe" ou "amorfo", segundo Gershom Sholem; ou "embrião", segundo outros estudiosos. O termo aparece na Bíblia, no Salmo 139, versículo 16.

da capacidade de falar. O criado-robô não tem permissão para sair de casa e em sua testa foi escrita a palavra *aemeth*, verdade. Mas o *golem* começa a crescer desmedidamente e passa a representar uma ameaça, pois sua força física é muito grande. Os rabinos então apagam da sua testa a primeira letra da palavra *aemeth*, transformando-a em *maeth*, que quer dizer "está morto", tirando assim do *golem* o sopro vital. Imediatamente ele se desfaz em argila, voltando ao pó original.

Conta-se também que um homem que produziu um *golem* deixou que ele crescesse demais e que ninguém podia alcançar a testa do mesmo para desfazer a palavra mágica. O criador, então, pede ao *golem* que amarre os cordões de suas botas. Quando a criatura se abaixa, o rabino apaga a letra da sua testa. Mas esta é muito grande, desfazendo-se em argila em cima do seu criador, que morre esmagado.

Existem várias versões da história do *golem*, sendo a mais difundida a do Rabino Löw, de Praga (1512/1609). O evento se passa no gueto judaico da capital da Tchecoslováquia. O andróide é criado para executar tarefas domésticas, ganhando vida após introduzirem um pergaminho com invocações mágico-cabalísticas em uma abertura localizada em sua nuca. Numa sexta-feira, porém, o rabino se esquece de retirar o pergaminho da cabeça da criatura, como sempre faz às sextas-feiras à noite. O *golem* sai de controle e começa a destruir tudo a sua volta. O rabino consegue, com muito custo, retirar o pergaminho do monstro e ele, assim, se desmancha em pó.

Há também muitas filmagens e refilmagens cinematográficas baseadas nas diferentes versões poéticas e literárias deste conto. Um dos livros mais conhecidos sobre o tema é *O Golem*, de Gustav Meyrink, de 1915. Nesse romance fica explícito que "o *golem* ... (é) igualmente uma espécie de vampiro que se alimenta da substância espiritual dos habitantes da aldeia judaica". (MATIÉRE apud BRUNEL, 1997). Temos aí, pois, o ARQUÉTIPO DA REBELIÃO DAS MÁQUINAS (como vimos no capítulo 1), como também a idéia central do vampirismo, em que os homens são criados como gado confinado, destinados a serem baterias que fornecem substância espiritual ou energia bioelétrica para as máquinas continuarem a funcionar e a se autorreproduzir.

RABBINO LOEW E O GOIEM DE MIKOLÁŠ AIEŠ, 1899.

A história do *Golem* antecede a de *Frankenstein*, de Mary Shelley (1831), onde a criatura, construída a partir de pedaços de cadáveres diversos, foge do médico que o criou, produzindo vários incidentes perigosos. Frankenstein lembra-nos também o filme de ação *Robocop*, em que um policial morto em combate tem o cérebro implantado em um robô humanóide, com o objetivo de policiar as ruas cheias de criminosos. O cérebro do policial morto é usado como um mero arquivo onde nova memória é gravada, mas o policial recupera sua memória e sua individualidade, passando a tomar decisões próprias, diferentes das ordens dadas pela corporação que o criou. Poderíamos dizer que as máquinas luciféricas rebeladas de *Matrix* são trinetas do *Golem*, bisnetas de *Frankenstein*, netas dos andróides de *Blade Runner*, primas do *Robocop* e filhas do *Exterminador do Futuro*.

5

MORPHEUS, O INICIADOR

Laurence Fishburne

Já teve um sonho, Neo, que você tinha certeza que era real?
MORPHEUS

MORPHEUS, JEAN-ANTOINE HOUDON, 1828.

Morfeu é o deus do sono ou do sonho da mitologia greco-romana. Ele é filho do Sono e da Noite, a mais antiga de todas as deusas. Sua moradia é uma caverna onde o sol não chega, próxima ao rio Letes, o rio do esquecimento. Morfeu, sendo filho do sono, com o tempo absorveu a função do pai. A entrada de sua gruta está coalhada de plantas narcóticas, tais como as papoulas.

É peculiar o fato de ser justamente Morpheus quem desperta Neo: aquele que domina o sono teria, em tese, o poder de despertar alguém, se assim o desejar. A nave de Morpheus, chamada Nabucodonossor, leva gravada no casco a inscrição "Mark III n. XI". Na Bíblia, Marcos, capítulo 3, versículo 11 diz: "E os espíritos imundos, vendo-o, prostravam-se diante dele e clamavam, dizendo: Tu és o filho de Deus". E a missão de Morpheus é encontrar o Messias, para que ele salve a humanidade – das máquinas ou da mecanicidade ilusória na qual os homens estão mergulhados. No próprio casco da nave está insinuada a sua busca: ele precisa encontrar o Um, o Escolhido, para que os espíritos imundos – os agentes Smith – se curvem perante seu poder e autoridade.

> Por que lhes falas em parábolas?
> Perguntaram os discípulos a Jesus, que responde:
> Porque a vós é dado compreender os mistérios do reino dos céus, mas a eles não.
>
> EVANGELHO DE MATEUS 13: 10-11.

A nave Nabucodonossor é uma Arca de Noé que, tal como a original bíblica, representa a esperança crucial da raça humana em sobreviver num ambiente hostil. Na Epopéia de

Gilgamesh, a sobrevivência da humanidade acontece através de uma arca construída por Utnapishtim. Vale mencionar que a história da arca relatada na Bíblia é derivada do original assírio-babilônico que lhe antecedeu, pois o patriarca Abraão veio de Ur, cidade da Caldéia.

> Por seis dias e seis noites os ventos sopraram; torrentes de tempestade e inundação engolfaram o mundo; tempestade e dilúvio enfureceram-se como hostes em combate.
>
> SIN-LÉQI-UNNINNI, 1980, p. 158

Morpheus é um Utnapishtim e pode dá-la a Neo, se ele se dispuser a receber o treinamento adequado. A diferença é que o Gilgamesh original não consegue vencer o desafio, pois adormece. Neo, evidentemente, passa no teste. Embora posteriormente seja "adormecido", como vemos em *Matrix* IV, induzido a um estado apático e alienado, após ser trazido de novo à vida. Mas Neo teve a chance do novo despertar e supera mais esse teste.

Como iniciador de Neo, Morpheus poderia usar as palavras do Evangelho de Tomé[12]: "Jesus disse: se manifestarem aquilo que tem em si, isso que manifestarem os salvará. Se não manifestarem o que tem em si, isso que não manifestarem os destruirá."

---

12 Existem vários títulos considerados apócrifos (secretos ou não aceitos) pela Igreja: o Evangelho de Maria Madalena, o Evangelho de Tomé, o de Valentino, de Felipe, o Livro dos Segredos de Enoque. Os textos apócrifos foram encontrados em Nag Hammadi, no Alto Egito, em 1945. Alguns destes títulos foram traduzidos e/ou comentados pelo escritor Jean Yves Leloup (Editora Vozes). Outros foram disponibilizados em português pela Editora Cristão Novo Século no livro *Apócrifos da Bíblia e Pseudo-Epígrafos*, 2004.

Morpheus parece um enviado de Shambhala, a misteriosa cidade sagrada dos budistas tibetanos: "Não infrinja as leis! Aguarde, em labor ardente, até que o mensageiro de Shambhala venha a seu encontro, cercado de realizações constantes". (ROERICH, 1990)

Como descobridor e iniciador de Neo, Morpheus usa toda sua habilidade como guru para treinar seu pupilo, que rapidamente o supera: "Você é um escravo, Neo. Como todo mundo, você nasceu na escravidão, numa prisão que você não pode cheirar, provar nem tocar. Uma prisão para a mente. Não se pode dizer a ninguém o que é Matrix. Você tem de vê-la por si mesmo".

Morpheus é como o mestre Jedi, Yoda, e Neo é um Luke re-paginado: ele apreende com seu mestre que "há uma diferença entre conhecer o caminho e andar por ele". Como disse Don Juan a Carlos Castañeda, "um caminho que tenha coração".

Em sua graduação como discípulo, Neo põe sua vida em risco para salvar seu mestre. E, salvando Morpheus, ultrapassa a barreira do eu, cujo maior apego é, sem dúvida, a sobrevivência física. É o teste final. Aprovado neste vestibular da consciência, ele recebe o prêmio do beijo de Trinity, que o ressuscita para a vida. Assim vemos, nas palavras de ARTHUR AVALON, que "a consciência do homem não tem limites fixos."[13]

A segunda parte da trilogia apresenta Niobe, uma bela mulher negra que é a contraparte feminina de Morpheus. Niobe é mais um nome extraído da mitologia, é uma personagem da mitologia especificamente Grega:

---

13 Arthur Avalon em Shakti e Shakata, por Omar V. Garrison, em *Tantra, a yoga do sexo*. Rio de Janeiro: Ed.Civilização Brasileira, 1973, p. 27.

Filha de Tântalo e Dione e esposa de Anfião, rei de Tebas. Tântalo, seu pai era filho de Zeus (Júpiter para os romanos) e Plota, princesa da Lídia e filha de Himas. Sua mãe era Dione, filha de Atlas; Tântalo e Dione também eram os pais de Pélope. Diz a mitologia que por ser muito fértil, Níobe teve catorze filhos (sete homens e sete mulheres), que ficaram conhecidos como "nióbidas". O povo de Tebas se reuniu para render tributo a Leto (Latona para os romanos). Eis que Níobe aparece insultando a deusa, que só teve dois filhos, Apolo e Ártemis, Leto manda matar todos os filhos de Niobe. O fato deixou Zeus compadecido com a dor de Níobe e a transformou numa rocha, mas ela continuou a chorar a perda dos filhos, vertendo água constantemente numa nascente. (WIKIPÉDIA)

6
NEO, O MESSIAS
Keanu Reeves

Dia após dia treine seu coração, refinando sua técnica. Use o Um para derrotar o Múltiplo! Esta é a disciplina de um guerreiro.
MORIHEI UESHIBA

Neo é, sem dúvida, uma representação do arquétipo do salvador-herói. (O messianismo no enredo.) O salvador mítico aparece em todas as tradições. Neo é como Beowulf, célebre personagem do texto homônimo, que salva o rei da Dinamarca de dois ogros – mãe e filho – que infernizam o reino. Neo é como um cavaleiro andante, um Don Quixote *high tech* que deu certo.

6.1. ASPECTOS DA IDENTIDADE

Analisaremos agora alguns aspectos da identidade de Neo nas diferentes tradições religiosas:

6.1.1. Aspectos cristãos

- No início do filme ele é chamado de "Jesus Cristo pessoal" por um rapaz a quem fornece um disquete pirateado.
- É previsto pelo Oráculo, a mulher que faz as vezes de Rei Mago.
- É batizado ou iniciado por Morpheus; sacrifica-se pela humanidade; morre e renasce como Cristo; é chamado de 'o Escolhido', como o filho de Deus.
- Depois de renascer derrotando o mal, transfigura-se, fica brilhante e sobe aos céus flutuando.
- Seu nome, Neo (Novo), é anagrama de ONE (um), Noé e Eon (Longo período de tempo), e possui três letras: três letras que significam UM.
- Ao retornar a Zion (em *Matrix Reloaded*), Neo é recebido ao sair do elevador como se fosse um líder religioso: várias pessoas o esperam ansiosas, com presentes e oferendas nas mãos. A cena lembra a entrada triunfal de Jesus em Jerusalém, montado em um burrico com pessoas acenando-lhe com ramos.
- Numa cena anterior, um rapaz declara que Neo o salvou, ao que o Messias responde que ele se salvou por si, parodiando a Bíblia: "A tua fé te salvou." (Marcos 5, 34; Lucas 17,19 e outros).

- Duas mulheres pedem proteção para seus filhos que estão nas naves Gnosis[14] e Ícarus[15].

Os poderes de Neo na segunda parte da trilogia são bem maiores do que no primeiro filme e sua intuição é crescente, aparentemente indícios de sua onisciência e onipotência.

6.1.2. Aspectos budistas

- É previsto, como Buda o foi pelo sábio Asita.
- É considerado um escolhido e passa por um processo pelo qual é 'acordado'.
- Buda quer dizer iluminado, desperto.
- Sacrifica-se pela humanidade, demonstrando um espírito de *Bodhisattva*, propondo-se a despertar todos os homens. *Bodhisattva* é um homem que atingiu a iluminação, passando a ter o status de Buda, mas recusa-se a entra no *nirvana* (paraíso) até que todos os seres vivos o façam.

---

14 O Gnosticismo surge durante os primeiros séculos do surgimento do cristianismo; suas teorias abrangem diferentes grupos e facções, algumas contraditórias entre si. 'Gnose' quer dizer 'conhecimento'. O mundo físico foi criado por sophia (sabedoria) a partir de uma substância amorfa e imóvel, a água. O objetivo dos gnósticos é atingir ou possuir a Gnose, o conhecimento espiritual.

15 Ícarus é o nome do filho de Dédalo, grande inventor e artesão grego. Sentindo-se aprisionado por Minos, Rei de Creta, ele planeja sua fuga. Acompanhado por Ícaro, foge usando asas artificiais. Ícaro esquece o conselho do pai de "não voar baixo demais por causa da espuma do mar ou alto demasiado por causa do sol," pois as penas das asas são coladas com cera de abelha. Entusiasmado com o vôo, Ícaro sobe muito alto e suas asas são derretidas pelo sol e ele cai para a morte.

- Sente que há algo errado na vida – como Gautama Buda – e intui que vive em um mundo ilusório ou *samsara.*
- Um garoto paranormal, entortando uma colher com a mente, diz a Neo que a colher não existe - um comentário filosófico tipicamente zen-budista. O objeto e o observador são uma coisa só. Na segunda parte do filme, Neo recebe a colher do garoto órfão paranormal de presente, como um aviso para que não se esqueça da lição.

> Quando perguntaram a Joshu, famoso mestre budista japonês, se Buda poderia ter algum desejo, ele respondeu:
> – "Sim, sem dúvida alguma."
> – "Que desejo poderia ser?", perguntou o inquiridor.
> – "O desejo de salvar todo o universo.
>
> Dito zen tradicional

6.1.3. Aspectos hinduístas

- Foi previsto, como Krishna o foi.
- Comporta-se como um avatar-guerreiro, um enviado, o Deus encarnado, que tem por objetivo destruir o mal, simbolizado pelas máquinas e incorporados pelos agentes Smith.
- Aparece em um momento de crise aguda para restabelecer a Lei Cósmica ou *dharma,* como no texto clássico hindu, Srimad Bhagavatam, descrevendo a vinda do futuro messias:

> Quando a sociedade humana tornar-se totalmente degradada, o Senhor encarnará como Kalki, o castigador supremo, e matará todos os demônios.
>
> SRIMAD BHAGAVATAM

- Não se recusa a matar seus inimigos, como se seguisse a orientação de Krishna ao guerreiro Arjuna, estimulando-o a combater:

> Alguns dizem que este Atman é assassinado, e outros chamam-no de assassino; eles não sabem de nada. Como pode Ele matar ou quem O matará?
>
> BHAGAVAD GITA

- Mantém um interessante diálogo com um indiano[16], em torno do conceito de *karma*, que pode ser traduzido como a lei cósmica de ação e reação.
- Seu nome, Neo, é formado por três letras, como a palavra sagrada OM (mantra, em sânscrito) – que se escreve AUM – e simboliza, os três aspectos da divindade que são unos: Brama, o criador; Vishnu, o preservador; e Shiva, o destruidor/reconstrutor.

16 Sr. Ramachandra, o pai de Sati. Ramachandra também é o nome de um dos avatares de Vishnu.

6.1.4. Aspectos taoistas

Neo duvida da realidade comum.

> Um discípulo de Lao Tsé, Chuang Tsé, escreveu um poema em que relata que teve um sonho vívido: sonhou que era uma borboleta. Mas o sonho foi tão real que, ao acordar, não sabia se era um homem que sonhava ser um inseto ou um inseto que sonhava que era um homem.
>
> THOMAS MERTON, 1974

- Tem de apreender a harmonizar corpo e mente.

6.1.5. Aspecto islâmico

- Desenvolve uma ação determinada na direção dos seus objetivos, uma guerra santa interna (*jihad*) e um esforço externo, em busca de sua meta.

Um dia o profeta Mohamed – a paz esteja com ele – voltou de uma expedição defensiva, realizada para defender a *uma* (comunidade) muçulmana e foi questionado por uma pessoa como tinha sido o *jihad* ou o esforço. O Profeta respondeu: "*Venho do pequeno jihad para o grande jihad*", simbolizando com isto que vinha de uma ação externa, para uma ação interna, de significado muito maior: a guerra diária para sair da Matrix, usando uma linguagem modernizada.

> Não é disso que trata a jornada do herói. Não é para negar a razão. Ao contrário, pela superação das paixões tenebrosas, o herói simboliza nossa capacidade de controlar o selvagem e o irracional dentro de nós.
>
> CAMPBELL; MOYERS, 1990, p. IX

6.2. Neo como Guerreiro Sagrado

Além dos aspectos já apresentados neste livro sobre o filme, outro elemento que sobressai e chama a atenção é a condição de "guerreiro sagrado". Possivelmente a figura mais emblemática do guerreiro sagrado seja Morihei Ueshiba, o codificador do Aikidô, nascido no Japão em 1883 e falecido em 1969. Se Ueshiba *Sensei* (Mestre, em japonês) fosse personagem de *Matrix,* seria ele o treinador de Neo. Os feitos demonstrados ao longo de sua vida são um exemplo acabado de intensa busca de perfeição através do *budô,* o caminho do guerreiro.

Ueshiba, apesar da idade já avançada, de seu físico mirrado e reduzida estatura, nunca foi derrotado. Enfrentou de lutadores de judô e caratê a praticantes renomados de sumô e box, e na medida que envelhecia o seu domínio do *Ki* crescia de forma espantosa. *Ki* quer dizer energia vital, espírito, disposição; a palavra *aiki* significa viver em harmonia, ou a "união do corpo e do espírito', no exato sentido do que Morpheus diz a Neo: o corpo não vive sem a mente-espírito. *Dô* quer dizer caminho, via. *Aikidô* é, pois, o 'caminho da harmonia', o caminho da consciência e da integração com o universo. Quem está em harmonia com o universo não pode ser derrotado, pois o agressor parte de uma posição de inferioridade, de perturbação do *Ki,* do próprio e do *Ki* universal. Sua Força - no sentido de *Stars Wars* – está desequilibrada; portanto, ele já está derrotado. Aquele que está em harmonia no caminho, *Dô*, antecipa qualquer golpe ou ataque. O treinamento de Neo visava equilibrar mente, corpo e espírito de tal forma que ele se torna invencível, entrando e saindo da Matrix a seu bel prazer. Morpheus diz a Neo que pare de pensar e aja, da mesma forma que um lutador marcial se condiciona, agindo e reagindo de forma coordenada e instintiva. "Domine as divinas técnicas do Aiki", diz Ueshiba (1991, p.73) "e nenhum inimigo ousará desafiá-lo."

Ôsensei (Grande Mestre) Ueshiba, entre suas façanhas presenciadas – apesar de detestar exibicionismo, e tal coisa não ser estimulada no Aikidô – podia apagar uma vela no fundo do *dojô* (local de treinamento), a muitos metros de distância, com um *kiai* (*g*rito de liberação de energia). Seu *kiai* era tão potente e liberava tamanha energia que era comparado a um trovão. E houve casos em que derrotou adversários somente com um *kiai*. Desarmava oponentes que portavam espadas com um simples leque. Dominava lutadores fisicamente muito mais avantajados com a ponta dos dedos.

> Cercado por uma floresta de lanças inimigas, avance vigorosamente e aprenda a usar sua mente como escudo.
>
> Morihei Ueshiba

A dúvida de Neo sobre o seu verdadeiro caminho e sua hesitação são seus maiores inimigos. O inimigo maior é o próprio praticante, como mostram várias tradições, desde Carlos Castañeda até o criador do Aikidô, passando por todas as tradições marciais dignas do nome.

> Abata o inimigo que está à espreita dentro de ti mesmo.
>
> MORIHEI UESHIBA

Próximo ao final do terceiro filme, Neo parte, com Trinity, em uma nave emprestada por Niobe para a cidade das máquinas, em busca da Fonte. O nome da nave que utilizam é *Logos*. Nada mais significativo: *logos* em grego quer dizer "palavra", "razão" ou "o Verbo manifestado e criador".

> Esta palavra é usada para identificar Cristo em três passagens do novo testamento e todas as passagens são originárias de São João.
>
> POUPARD, 1987, p. 1020

Como um Messias, Neo usa a nave *Logos* – a palavra-crição – para chegar à Fonte, onde sua voz e razão devem ser ouvidas para deter a guerra das máquinas contra os humanos. A morte-transfiguração de Neo no final da trilogia é a lógica do Messianismo cristão, que ele encarna. Como um Odin (o pai dos deuses nórdicos), ele sacrifica a si mesmo, integrando-se ao sistema de Matrix para poder deter Smith e todas as máquinas a partir do centro delas mesmas, deletando a "anomalia não-integral" que é Smith. Neo, cego, enxerga oniscientemente e vira luz.

> Para outros, o cego é aquele que ignora
> as aparências enganadoras do mundo e,
> graças a isso, tem o privilégio de conhecer

> sua realidade secreta, profunda,
> proibida ao comum dos mortais.
>
> Chevalier; Gheerbrant, 1996, p. 217

Deitado de braços abertos, como numa cruz, ele é levado numa pira luminosa em direção a uma fonte de luz maior, ainda que das máquinas – tal qual os relatos de pessoas clinicamente mortas que, após serem reanimadas, relatam que atravessaram um túnel, no final do qual encontram uma luz. Ele mergulha na "clara luz primordial"[17], é transfigurado e ele e o Pai – das máquinas – passam a ser Um.

17 Termo budista tibetano que define um dos estágios pós-morte.

7
TRINITY, A DEUSA
Carrie-Anne Moss

Neo é o Messias e Morpheus é o iniciador, aquele que "batiza" Neo, tirando-o não do Jordão, mas do útero gosmento de Matrix. Esta trindade só poderia ser completada por uma mulher, também excepcional: a Dama, a Musa, a Deusa, Shakti. Na tradição tântrica shivaísta, as mulheres são vistas como sacerdotisas e manifestação ou encarnação da consorte de Shiva, o terceiro aspecto da Trimurti ou trindade hindu, juntamente com Brama e Vishnu.

No início do primeiro filme, Trinity faz contato usando uma linha telefônica do *Heart o'the City Hotel* (Hotel Coração da Cidade). É a primeira dica: ela conecta do coração, ela é o coração simbólico, é o Amor. Trinity, com sua postura de conhecimento e amor, ajuda Morpheus a esculpir Neo. Trinity – trindade em português – é uma versão de Branca de Neve ou da Bela Adormecida às avessas, pois é ela quem desperta Neo com um beijo de amor. Neste beijo ela transmite o sopro vital, qual Jeová ao insuflar vida em Adão. Em seguida ela ordena "*Agora levante-se!*", tal como Cristo o fez, ao reanimar Lázaro.

> O príncipe avançou mais ainda, chegou à torre e abriu a porta do quarto onde se encontrava a Bela Adormecida. Tão bela, que ele não pode dela afastar os olhos por um segundo, e curvando-se, beijou-a. A Bela Adormecida, logo que foi beijada, acordou, abriu os olhos e encarou o príncipe, com uma expressão de doçura e carinho.
>
> GRIMM, 1994, p. 252

Voltar da morte dos sentidos é uma etapa do processo iniciático de crescimento espiritual, teatralizado nas diversas tradições de mistérios. Também na mitologia grega temos o registro do despertar da vida através do beijo em que um mortal, Pigmalião, desperta para a vida uma estátua de marfim que havia esculpido. Apaixonado por sua obra, ele pede a Vênus, a deusa do amor, que lhe dê vida durante um festival religioso em Chipre. A deusa se compadece do escultor e atende seu pedido.

> Ao voltar para casa, Pigmalião foi ver a estátua e, debruçando-se sobre o leito, beijou-a na boca. Os lábios pareceram-lhe quentes. Beijou-a de novo e abraçou-a; o marfim mostrava-se macio sob os seus dedos, como cera do Himeto. Atônito e alegre embora duvidando, e receando que estivesse enganado, de novo, muitas vezes, com o ardor de um amante, toca o objeto de suas esperanças. Estava realmente vivo!
>
> THOMAS BULFINCH, 1965, p. 81

O papel de Trinity é fundamental como vemos, diferentemente do cristianismo, em que a mulher normalmente é relegada a um segundo plano. A concepção tântrica diz que a criação foi feita a partir da energia feminina, *Shakti*, em comunhão com Shiva, o destruidor-renovador do universo.

> Shakti é o poder que cria e destrói, o berço do qual todas as coisas provêm e para onde todas elas retornarão. (...) Shakti é vibração espontânea, a plenitude de seu estado de felicidade e a explosão de sua alegria impelindo-a na direção de sua auto-revelação.
>
> AJIT MOOKERJEE[18]

Shiva é representado de várias formas, sendo duas as mais comuns: o meditativo e o dançarino cósmico. Shiva Nataraja, o dançarino, é representado com um pé em cima de um anão demoníaco, e o outro no ar. Possui quatro braços e em duas das mãos segura objetos que têm seu simbolismo: um pequeno tambor (*damaru*), com o qual marca o ritmo do universo, e o fogo dos altares de sacrifício (*agni*), através do qual os pedidos dos homens são levados aos céus. As duas outras mãos executam dois diferentes *mudrás* ou gestos mágicos ritualísticos: uma aponta o pé livre, testemunhando o desapego da matéria-Matrix; e a outra mão executa um gesto conhecido como *abhayamudrá*, gesto de dissipação do medo, pois deus-Shiva está presente. Shiva veste uma pele de tigre, mostrando seu domínio sobre as paixões inferiores, tem o terceiro olho – o chakra frontal – aberto, pois vê além da irrealidade.

Contrariamente às religiões monoteístas, nas quais Deus não tem uma companheira, os deuses indianos têm uma consorte, sendo que quando eles descem à Terra (como avatares), normalmente são acompanhados por suas respectivas deusas. A esposa de Brama, o criador do universo, é Sarasvati, deusa da música e da sabedoria. A esposa de Visnhu, o preservador do universo, é a deusa da riqueza, Lakshimi. E a esposa do

---

18 Ajit Mookerjee em *Kali*, apud Margo Anand em *A Arte do Êxtase*, Rio de Janeiro: Ed.Campus, 1992, p. 81.

Mahadeva[19] é Parvati, também chamada *Shakti*.

Parvati manifestou-se como deusa guerreira – assim como Trinity – para ajudar Shiva a combater os demônios. Outra manifestação combativa de Parvati é Kali, a negra. Kali tem uma das formas mais aterradoras do panteão hindu, com sua língua pendente da boca, colar de cabeças humanas e saia feita de braços decepados, é ela que salva os deuses ameaçados por *asuras* (demônios) que, em guerra com os deuses, tentam invadir o Céu. Os demônios têm a capacidade de se reproduzir cada vez que o sangue de um deles toca o solo. Kali mata os *asuras* e bebe seu sangue, impedindo que eles se multipliquem. Durga e Uma são outros nomes de manifestações de Parvati.

Apesar de Neo ser o Iniciado, o Escolhido, ele precisa ser "acendido' pela Deusa. É como se ele estivesse incompleto, permanecendo um resquício do mito do andrógino. Falta-lhe o elemento feminino, a complementação Yin/Yang. A dualidade dentro-e-fora de Matrix parece requerer a união do yin e do yang – Trinity e Neo – para poder ser ultrapassada e transcendida.

> *A vidente disse que eu iria me apaixonar, e o homem por quem eu me apaixonasse seria o Escolhido. Então, você não pode estar morto. Não pode. Porque eu te amo. Está ouvindo? Eu te amo.*
>
> Trinity, pouco antes de despertar
> Neo do sono da morte.

Shakti-Trinity verbaliza o que Neo intuía: "É a pergunta que nos impele, Neo. Foi a pergunta que te trouxe aqui. Você

---

19 *Mahadeva*, o grande deus-Shiva, que divide a atenção dos devotos indianos com Visnhu.

sabe a pergunta, assim como eu sei. A resposta esta lá fora". Fora de Matrix, mas dentro do homem.

A tensão gerada pelo encontro de Trinity e a aproximação lenta e inexorável dos dois lembra um rito tântrico, em que o discípulo a ser iniciado se aproxima lenta e cuidadosamente da *Shakti*, em busca da sabedoria e da transmutação energética, que mudará vigorosamente seu estado de consciência. Assim como a missão de Morpheus é treinar Neo, a de Trinity é complementar energeticamente o Messias. Ela, como Joana d'Arc, tem uma missão sagrada e prevista: não se trata de salvar um país, mas sim a humanidade, unindo-se a Neo em um casamento sagrado.

As palavras do santo hindu Sanat Kabir bem podem explicar este casamento sagrado em que o Novo (Neo) reencontra a sabedoria e o poder de sua Dama: "Assim como o rio corre para o mar, o que está dentro de mim derrama-se dentro de você".[20]

Em *Matrix Reloaded*, a segunda parte da trilogia, Trinity morre para salvar o Escolhido: entrando em Matrix, mesmo contrariando Neo, que já previra sua morte. O casal solar, porém, não pode ser desfeito e Neo devolve a vida a Trinity, retirando a bala que a atingiu e tocando o seu coração, assim pagando sua dívida de amor e vida. Trinity faz amor com Neo. Os dois abraçados lembram o *Yab Yum*, a clássica representação tibetana de um casal unido sexualmente, que é o símbolo da união do amor e da sabedoria.

Na última parte da trilogia, Trinity morre beijando Neo, entregando a ele seu último suspiro. Ela, sem dúvida, sente a proximidade do fim da missão de Neo, em que ele irá transcender

20 Robert Bly em *O Livro de Kabir*, apud Margo Anand, 1992, p.5.

a realidade humana e a Matrix. Não há, pois, sentido em continuar. A Deusa não pode viver sem o Messias.

> O beijo é a adesão de espírito a espírito. É por isso que o órgão corporal do beijo é a boca, ponto de saída e fonte do sopro (divino). Do mesmo modo, é pela boca que são dados os beijos de amor, unindo, assim, inseparavelmente, espírito a espírito.
>
> Chevalier; Gheerbrant, 1996, p. 127-128

Assim Trinity une-se a Neo com um beijo, integrando os dois espíritos em um só corpo, sem dúvida um casamento sagrado.

8
SMITH, O HOMEM-ESCORPIÃO
Hugo Weaving

Qualquer um não-liberto é um agente da Matrix.
Eles são todos e não são ninguém.
MORPHEUS

Nada no filme *Matrix* parece ser acaso. Aquilo que não foi planejado cinematograficamente, em termos visuais ou pelo próprio enredo, as leis arquetípicas, através do inconsciente coletivo, se encarregaram de complementar. 'Smith" não é apenas o nome mais comum em inglês, como "Silva" no Brasil ou "Kim" na Coréia. "Smith" também quer dizer "ferreiro", nome muito apropriado para alguém que foi construído por e para proteger máquinas feitas de metal. Porém, diferentemente do ferreiro sagrado, dominador dos metais, iniciador de civilizações, como descrito pelo mestre romeno das religiões comparadas, Mircea Eliade (1979), Smith é um guardião da ordem ilusória da Matrix, o protetor de *maya*. Ele é Cérbero, o cão que guarda o Hades (Inferno) da ignorância de si.

Os agentes Smith, após interrogarem Neo, introduzem nele um rastreador através do umbigo, semelhante a um escorpião. Eis aí mais uma semelhança entre *Matrix* e a *Epopéia de Gilgamesh*: a passagem pelas montanhas, que são o acesso mais próximo a Utnapishtim ('O distante", aquele que poderia dar imortalidade a Gilgamesh), é guardada pelos homens-escorpiões, "meio homens, meio dragões; sua glória é terrificante, seu olhar lança a morte dentro dos homens." (SIN-LÉQI-UNNÍNNI, 1982, p. 140). Os homens-escorpiões, porém, são mais benevolentes do que os agentes Smiths, e dão passagem a Gilgamesh, talvez pensando que ele não iria sobreviver no terreno de trevas que teria de atravessar, de 12 léguas de extensão.

O simbolismo do escorpião, um animal muito resistente, portador de um veneno mortal, normalmente é negativo. Na história de Ísis, a deusa-mãe do antigo Egito, temos mais elementos: grávida de Osíris, Ísis procura abrigo e, tal qual Maria e José, não encontra. Isis é particularmente destratada em uma determinada casa. Seus guarda-costas são escorpiões que concentram o seu veneno em um deles, que pica o filho da dona da casa. A casa pega fogo e a criança morre pelo veneno. Ísis intervém e salva a criança. Os Smiths podem ser considerados homens-escorpiões por introduzirem escorpiões mecânicos nas pessoas. Além disso, o escorpião é uma figura mitológica de guarda.

Os homens escorpiões da epopéia de Gilgamesh

O Agente Smith vê os homens como vírus. Como representante de máquinas luciféricas, ele encarna não só a rebelião contra os homens mas, parodiando Hollywood, "é o seu pior pesadelo".

Em *Matrix Reloaded*, Smith reaparece e, assim como Neo, tem seus poderes aumentados. As máquinas também passam para um novo estágio, assumindo o controle sobre um humano que vai para Zion, numa clara missão de sabotagem.

Em *Matrix Revolutions*, Smith perde a cabeça: sua desmedida ganância luciférica por poder leva-o finalmente ao encontro de sua derrota: ao tentar absorver Neo, ele se contamina com o "vírus" do aspecto humano de Neo, reforçado pelas informações obtidas pelo Messias ao se acoplar à Fonte de todos os programas na Cidade das Máquinas. Smith é deletado, bem como todos os seus clones. O Oráculo, anteriormente absorvido por Smith, é libertado e aparece deitado na chuva, onde antes estava o agente.

Em *Matrix Resurrections*, Smith volta repaginado, com sua perpétua rebelião, onde diz claramente que não aceita que lhe coloquem a "coleira" de novo. Ele atua como, sob certos aspectos, a sombra junguiana de Neo.

9
CYPHER, O JUDAS
Joe Pantoliano

O BEIJO DE JUDAS, POR GUSTAVE DORE (1832 - 1883).

A palavra *cipher* ou *cypher* (cifra, em inglês) representa uma quantia indefinida: pode ser qualquer número, mas não representa efetivamente nenhum, não especifica valor algum; significa uma pessoa ou coisa sem valor. Neo, ao contrário de Cypher, não é uma cifra. É um número definido: ele é representado pelo número um, que é o número do criador, do pai, da iniciativa, da atividade.

Mesmo depois de ser despertado, Cypher quer voltar à ilusão de *maya* de Matrix. Ele exclama: "A ignorância é maravilhosa!". Sua postura é a dos homens de pedra da Epopéia de Gilgamesh, que "são aqueles que se regozijam em viver". Viver sim, mas em que condições? Os homens de pedra estão cristalizados, enrijecidos e presos ao passado. São como a mulher de Lot, que virou estátua de sal por ter olhado para trás.

Cypher, no encontro com o agente Smith, come carne e toma vinho. Na última ceia, Jesus deixou o pão e o vinho como símbolos de sua carne e do seu sangue. Cypher-Judas se banqueteia como um animal, devorando os símbolos de Jesus-Neo, ao mesmo tempo em que os menospreza, dizendo saber que são ilusão.

A opção de Cypher nos lembra a opção de Duriodhana, um dos personagens do Mahabharata, o livro clássico hindu. Durante a guerra entre os dois clãs que representam o bem e o mal, ele tem a oportunidade de escolher entre o apoio de Krishna, o deus encarnado, e um exército. Duriodhana, que nasceu de uma bola de carne com cem irmãos, não pestaneja: escolhe o exército, ao invés de escolher a manifestação de Deus.

> Ambos os lados queriam o auxílio de Krishna. A ambos Krishna ofereceu a mesma escolha: "Ou tu podes ter o auxílio de meus parentes (guerreiros), na batalha", disse-lhes, "ou podes ter a mim sozinho. Mas eu não combaterei." Duriodhana escolheu os guerreiros; Arjuna preferiu Krishna.
>
> PRABHAVANANDA, *IN* BHAGAVAD GITA, 1994, p. 26

Cypher-Duriodhana escolhe a multiplicidade, ao invés de escolher Neo-Krishna. Peculiarmente, Neo, o escolhido, é chamado em inglês de *One*, que quer dizer Um.

Judas-Cypher, o sibarita[21], trocou o Messias por trinta dinheiros de Matrix, ganhou a ignorância de presente e caiu na dominação dos sentidos iludidos.

---

21 Sibarita: pessoa dada à indolência ou à vida de prazeres.

10
SWITCH
Belinda McClory

A palavra *switch,* em inglês, quer dizer ligação, é uma personagem, que aparece pouco e no início do primeiro filme. Switch, é comutador ou comutador de rede em francês, e é um equipamento **que funciona como uma ponte de várias portas** e que permite conectar vários segmentos de uma rede de computadores.

Por "coincidência" esse personagem aparece no início dos contatos com Neo, debaixo da ponte **Adams** ou seja "Ponte de Adão", o primeiro ser humano, de alguma forma pois tentando restabelecer a condição humana, real de Neo. Curiosamente ela esta vestido de branco em contra-posição aos outros que estão sempre de negro. Existem especulações sobre a sexualidade deste personagem, andrógino, como reflexo talvez, de certa forma, dos roteiristas irmãos Wachowski, que posteriormente fizeram transição de gênero e se tornaram as irmãs Wachowski. A personagem foi representada pela atriz australiana Belinda McClory.

Os Quatro Cavaleiros do Apocalipse, do ano 1497 de Albrecht Dürer (1471–1490)

11
APOC
Julian Arahanga

O ator Julian Arahanga vive o personagem "Apoc" ou seja Apocalipse, termo bíblico que quer dizer originalmente Revelação. Em que pese seja um personagem de vida curta no filme, fica mais uma dica, que uma revelação está se fazendo a cada instante. Mais um elemento da "psicologia" judaico-cristã na construção do filme. O que mostra o apocalipse tecnológico da distopia de *Matrix*, quando a Inteligência Artificial das máquinas assume o controle da vida na terra. Situação para qual ficou o alerta de Stephen Hawking, como veremos no capítulo 33, o conhecido físico teórico britânico, já falecido.

THOR ATRAVESSA UM RIO E OS DEUSES PASSAM PELA PONTE DO ARCO-IRIS QUE LEVA AO CÉU NÓRDICO. ILUSTRAÇÃO DO ANO 1895, DE LORENZ FRØLICH (1820-1908).

12
A PONTE ADAMS

"Neo", Keanu Reeves, tem um encontro marcado com o destino que ele mesmo deve construir e optar, marcado embaixo de uma ponte, a "Ponte de Adão". A ponte sendo elemento de passagem entre dois pontos/elementos simboliza a transição bem como uma mudança de nível. Se quiser acordar Neo tem de ultrapassar esta primeira passagem num rito auto imposto. Tendo o nome de Adão, o primeiro ser humano criado, segundo a tradição judaico cristã, passar por baixo da ponte é subverter a ordem comum, pois normalmente passa-se por cima dela. Mas a ordem comum está deturpada pelas normas e leis das máquinas, é preciso pois fugir da mecanicidade externamente imposta. Para recuperar a consciência humana adâmica, Neo deve confiar em Trinity (a intuição/amor) e em Switch (ligação/comutação) para subverter a ordinário cotidiano, tudo isto em um veículo em movimento, pois a vida não para, tudo flui.

13
O ORÁCULO E AS ARTES DIVINATÓRIAS

Conhece-te a ti mesmo.[22]
ORÁCULO DE DELPHOS

O Oráculo, a senhora que faz previsões a que Morpheus apresenta Neo, profetisa o futuro do Messias, de forma caracteristicamente sutil: "Você sabe por que está aqui? O que você acha? Acha que é o Escolhido? Você tem o dom, mas parece estar esperando alguma coisa. O que?... Sua próxima vida?" Esse quase monólogo deveria ser respondido por todos nós...

Neo não sabe o que responder, acha que não é ele o Messias. Entretanto, a previsão se realiza, pois Neo morre e renasce.

22 Frase gravada sobre a porta da casa do Oráculo, que remete à mesma inscrição no pórtico de entrada do templo do deus Apolo, em Delphos, na Grécia, no século IV a. C.

Esta pitonisa não deixa de ser mais uma reafirmação do caráter messiânico de Neo, pois, assim como Krishna, Buda ou Cristo[23], ele também foi previsto e descoberto por alguém que domina um tipo de arte divinatória. Os jogos divinatórios sempre fizeram parte da cultura humana e em algumas tradições eles são fundamentais, tal como o I Ching na China, as runas para os povos nórdicos, os búzios no Candomblé, e as cartas para os ciganos.

O tarot é um dos mais fascinantes jogos divinatórios jamais desenvolvidos, possuindo em sua estrutura dois aspectos: o primeiro, como arte divinatória (ou adivinhatória) e o segundo – e o mais importante – como jogo de auto-conhecimento. As origens do Tarot se perdem no tempo, mas as primeiras cartas parecem ser as do Tarot Gringonneur (1392 - França). Mas o Tarot Visconti Sforza é talvez o mais antigo tarot com 78 cartas, historicamente comprovado, elaborado em Milão entre 1432 e 1466. A tradição atribui a origem do tarot ao antigo Egito, tendo os sacerdotes codificado na forma de um jogo divinatório os conhecimentos sagrados imemoriais.

Este jogo de auto-conhecimento é dividido em duas partes: Arcanos Maiores e Arcanos Menores. A palavra "arcano" significa "mistério". As vinte e duas cartas dos Arcanos Maiores são as mais importantes e simbolicamente significativas. Cada uma delas apresenta uma situação ou personagem arquetípico, que pode desvendar a simbologia dos personagens do nosso filme em questão.

São as seguintes as cartas dos ARCANOS MAIORES:

0 - O LOUCO

23 Cristo foi descoberto pelos três Reis Magos, através de seus conhecimentos astrológicos.

1 - O MAGO

2 - A SACERDOTISA

3 - A IMPERATRIZ

4 - O IMPERADOR

5 - O HIEROFANTE

6 - OS ENAMORADOS

7 - A CARRUAGEM

8 - A JUSTIÇA

9 - O EREMITA

10 - A RODA DA FORTUNA

11 - A FORÇA

12 - O ENFORCADO

13 - A MORTE

14 - A TEMPERANÇA

15 - O DIABO

16 - A TORRE

17 - A ESTRELA

18 - A LUA

19 - O SOL

20 - O JUÍZO FINAL

21 - O MUNDO

Se analisarmos os Arcanos Maiores com atenção, poderemos identificar em cada carta uma situação do filme ou os personagens centrais. Vamos nos ater a alguns personagens:

NEO - O MAGO

O Mago, naturalmente, só podia ser a carta número 1 - "The One" como Neo é chamado. Segundo Pitágoras o número Um é a origem de todos os números; está associado à figura do pai, do criador, da divindade. A palavra "mago" é de origem persa: assim eram denominados os sacerdotes de Zoroastro. Na representação da carta do Mago ele possui um desenho em forma de oito deitado – a lemniscata – na cabeça, que é o símbolo do infinito. Ele esta atrás de uma mesa quadrada, com um bastão mágico na mão, indicando de que ele tem domínio sobre a matéria. Diferentemente de Cypher, que é prisioneiro da matéria, o Mago tem absoluto controle sobre ela. Suas qualidades são: iniciativa, inteligência criadora, discernimento e compreensão elevados; presença de espírito, auto-controle, autonomia, força de vontade, autoconhecimento, espontaneidade; penetração de espírito, destreza, habilidade, diplomacia, capacidade persuasiva; domínio sobre os acontecimentos.

O Um respirava calmamente repousando,
sustentado em Si mesmo:
Nada fora Ele existia.
RIG VEDA[24]

24 *Rig Veda* é um dos quatro livros sagrados hindus. Os outros três são: *Atharva, Sama e Yajur Veda.*

Por fim, por que Neo desperta tanta admiração? A resposta nos é dada por Mircea Eliade (1985) em seu livro *O Mito do Eterno Retorno:* "Os rituais e os gestos profanos significativos só assumem o significado que lhes é atribuído por repetirem deliberadamente esses atos praticados *ab origine* por deuses, heróis ou antepassados". Neo repete, pois, atos heróicos, cavalheirescos, mitológicos e sagrados que fazem parte do inconsciente coletivo da humanidade; atos estes que estão presentes nas diferentes tradições religiosas, filosóficas, literárias, sendo, pois, impossível ficar indiferente a tal apelo.

TRINITY - A SACERDOTISA

A Sacerdotisa ou a Papisa é a carta de número 2. Está sentada em um trono, o que denota sua importância. Ela é a manifestação do sagrado feminino. Ela possui nas mãos um livro sagrado e detém os segredos da iniciação. Sendo mulher, é movida pelo amor-sabedoria de forma a complementar o Mago. Suas qualidades são: reserva, prudência, discrição, silêncio e meditação, fé, espera confiante, sentimentos religiosos e intuição/sensibilidade; mistério, acontecimentos futuros favoráveis, inércia necessária, fecundidade, gestação.

MORPHEUS - O HIEROFANTE

O Hierofante, o iniciador, a carta de número 5. É o símbolo do homem perfeito, da estrela de cinco pontas. O Hierofante é o iniciador ligado à religião tradicional; aos seus pés tem duas figuras ajoelhadas ou em plano inferior, em sinal de respeito. A carta mostra duas colunas, representando sua habilidade de agir em meio à dualidade (Matrix e a Realidade). Suas mãos estão em atividade, segurando o bastão de comando e fazendo um sinal de proteção ou benção. Ele lembra João Batista que abre, prepara o caminho para Jesus, o Mago da epopéia Bíblica.

As qualidades do Iniciador são essenciais para o desenvolvimento de Neo: sentido de dever, consciência moral, convicções arraigadas, sentimentos fortes; autoridade moral, sacerdócio social, observação das conveniências, respeitabilidade, ensino, conselhos úteis, generosidade, indulgência, paternalismo.

CYPHER - O ENFORCADO

O Enforcado, a carta número 12, é uma carta controvertida, pois é representada por um homem dependurado pelo pé, e não pelo pescoço, como deveria ser um enforcado. O significado tradicional desta carta é sacrifício. Há que se destacar que toda carta tem um aspecto positivo e negativo. Parece não haver dúvida de que Cypher encarna os aspectos negativos desta carta. Estes são: falta de dedicação (à causa da liberdade), promessas não cumpridas, projetos irrealizados, amor não compartilhado, incapacidade de realização, fraqueza, perdas. Cypher está preso 'pelo pé' na pedra quadrada da matéria do Diabo. Ele prefere a ignorância, ficando assim eternamente prisioneiro.

AGENTE SMITH - O DIABO

O Diabo, a carta número 15, pois sem dúvida representa uma força que mantém os homens presos na matéria dos seus sonhos luxuriosos e sensuais. A carta do Diabo é representada por um demônio em cima de um pedestal quadrangular onde estão atadas duas figuras, um homem e uma mulher, nus. O significado é óbvio, pois o quadrado é o símbolo da matéria, que aprisiona duas almas. A palavra 'diabo' vem do grego *diabolos,* que significa caluniador, delator, intrigante enganador.

> Vosso pai é o Diabo e tens a vontade de realizar os desejos de vosso pai. Desde o início, dedicou-se a fazer morrer o homem; não pôde manter-se na verdade, porque não havia verdade nele.
>
> SÃO JOÃO, cap. 8, vers. 44

A carta número 15 tem os seguintes significados positivos: paixão, desejo, atração sexual, magnetismo, ação mágica, poder oculto, influência misteriosa. A mesma carta tem os seguintes aspectos negativos: superexcitação, perturbação, luxúria, conflito, intriga, fascinação, indivíduo escravo das paixões.

O Agente Smith personifica estes aspectos: ele oferece a Cypher tudo o que ele quiser, como o demônio também fez com Jesus no alto da montanha. Smith representa o defensor de *maya*, da ilusão, da Matrix.

Retornando ao Oráculo, no segundo filme fica claro que ele é também um programa da Matrix, cujo objetivo é levar Neo ao Chaveiro. O Oráculo cresce de importância ao longo da trilogia. No último filme ela se configura como uma mãe, um aspecto do Amor, o que fica patente na sua lida com crianças, em especial a pequena Sati[25], filha do casal indiano.

O Oráculo forma com o Arquiteto uma dualidade mãe-pai, uma peculiar manifestação de mente-amor. No diálogo final o Arquiteto e o Oráculo discutem o futuro de Matrix e dos homens em Zion. O Arquiteto diz que cumprirá sua palavra, libertando os que desejam sair da Matrix. Será?

Fica aí mais um gancho para uma nova trilogia, pois se todos os humanos saírem de Matrix as máquinas não terão energia. Entretanto, será que todos os humanos *querem* sair de Matrix? Cypher não quis...

25 *Sat* significa "verdade, existência, puro", em sânscrito. *Sati* é também o ritual em que a esposa se sacrifica na pira funerária, junto com o marido. O costume foi proibido pelos ingleses durante a colonização e, posteriormente, também pelo Estado Indiano. Esse ritual deriva do ato da deusa Sati, (uma encarnação da deusa Parvati) esposa de Shiva, que invocou seus poderes yóguicos e se desfez carbonizada, pois não suportou a humilhação do pai que não aceitava o seu casamento com Shiva, incapaz de reconhecer as virtudes do marido. N.E.

14
SERAPH
Collin Chou

Só se conhece de verdade quando se luta com ele (ela).
SERAPH TESTA NEO.

Assim como o Agente Smith é o guardião das máquinas, Seraph (Serafim em português) é o guardião do Oráculo. Um nome muito adequado, pois Serafim é o nome de um ser angélico que faz parte dos auxiliares e protetores divinos. Serafins são anjos com seis asas e a palavra originalmente quer dizer *ardente* ou *abrasador*.

Os anjos são seres intermediários entre Deus e os homens e são mencionados nas principais religiões monoteístas e nas tradições mais antigas. Estão divididos em uma hierarquia de sete Ordens, nove Coros, ou três Tríades.

Seraph é o mensageiro do Oráculo, sendo o intermediário entre ele e a trindade Neo-Trinity-Morpheus. De certa forma Seraph é arquetipicamente a representação de Thot/Hermes/Mercúrio o mensageiro dos deuses, que faz a ponte de ligação entre níveis superiores e inferiores.

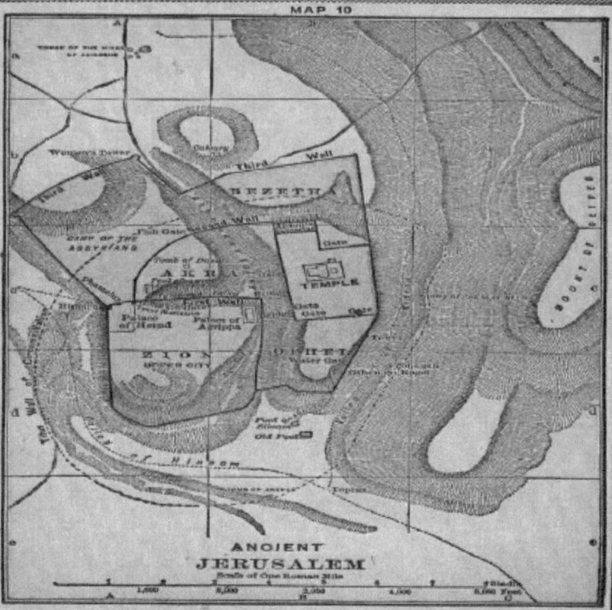

Antiga Jerusalém.

15
ZION, A CIDADE SAGRADA

Zion, a última cidade humana, leva o nome do monte Sion, em Israel, que deu origem ao termo sionismo, a doutrina política que visava levar os judeus de volta para a terra santa, Israel. A história de um local sagrado – um paraíso perdido, um éden em que a harmonia reina e homens podem viver em paz ou recuperar o equilíbrio interior – já foi abordado em muitos filmes, entre eles o famoso *Horizonte Perdido*[26]. "*No ano que vem em Jerusalém!*", diziam os judeus na diáspora.

Para judeus e cristãos, Jerusalém sem dúvida representa este local sagrado e é o centro espiritual por excelência, o umbigo do mundo. É lá que foi construído o Templo de Salomão e foi aí que transcorreu a via sacra do Messias, Jesus de Nazaré. Além de santa para judeus e cristãos, Jerusalém – não podemos esquecer – é sagrada também para muçulmanos, pois abriga a esplanada das Mesquitas e o Domo da Rocha, de onde Maomé (ou Mohamed, que a paz esteja com ele) subiu aos céus.

Como Mircea Eliade demonstra em seus livros, o espaço físico pode ser visto de diferentes maneiras: há locais que são sagrados devido a acontecimentos mágicos ou religiosos ali

---

26 Baseado no romance de James Hilton, foi filmado pela primeira vez em 1937, ganhando nova versão em 1973.

ocorridos[27] e, por isto, possuem uma força[28], que faz com que tais sítios sejam respeitados e cultuados.

Jerusalém é um desses lugares sagrados para três religiões e tem uma atmosfera psíquica tão intensa que todos os meses a polícia israelense recolhe de suas ruas inúmeras pessoas, de vários países, que são encaminhadas a clínicas e hospitais com algum tipo de 'síndrome de messias': pessoas que acreditam ser a reencarnação deste ou daquele personagem bíblico, quando não do próprio Cristo. O espaço sacralizado de Jerusalém não é o único: tumbas de santos famosos em Ajmer, na Índia, e outras cidades tais como Meca, Katmandu (Nepal), Benares (Índia), Aparecida do Norte (Brasil), Fátima (Portugal) e Lourdes (França) têm seus seguidores fiéis, seus milagres e sua magia.

Mircea Eliade chama a atenção para o significado de *templo* e *tempo*: as duas palavras são equivalentes. O templo é um local sagrado, representa o micro-cosmo, sendo o ritual uma teatralização do funcionamento do cosmo. O cosmo, por sua vez, implica num *fiat*[29], que mantém a ordem ao invés do caos. Se *templo* e *tempo* são a mesma coisa, podemos dizer que o tempo é sagrado como o templo também o é, sendo o desperdício do tempo com a Matrix a suprema blasfêmia.

---

27 Depois que a deusa Sati carbonizou seu corpo como demonstração de fidelidade, Shiva, o marido, desesperado, dançou com ela pelo mundo. Em uma das versões, o corpo da deusa foi se desfazendo 51 pedaços que cairam em 51 lugares. Em outra, Vishnu usou seu *Sudarshana chakram* para desmembrar o corpo já sem vida da deusa e ajudar Shiva a voltar à sanidade. O corpo se desfez em 51 pedaços e também caiu em 51 lugares. Acredita-se que esses lugares se tornaram sagrados pela energia da deusa, e tornaram locais de peregrinação, chamados shakti peethas. N.E.

28 *Baraka* para os sufis, ou mana para os polinésios.

29 *Fiat* significa 'faça-se!', 'seja feito!'.

Voltar para Zion é a nostalgia do Paraíso perdido e a busca de Shambhala[30], é o retorno ao sagrado, uma revitalização moral, espiritual e física da humanidade. Zion é a esperança final dos personagens despertos de *Matrix*.

Em Zion não temos medo.
MORPHEUS em *Matrix Reloaded*

Pela primeira vez na saga, Zion é mostrada em detalhes no segundo filme e uma grande quantidade de humanos aparece. Num clima *dark*, os humanos, depois do discurso de Morpheus, participam de uma festa, quase uma orgia báquica, uma aparente liberação dos instintos, uma tentativa de viver o aqui e agora, pois o futuro parece incerto.

30 Ver glossário.

MEROVEU (411- 458 D.C), FUNDADOR DA DINASTIA MEROVÍNGIA DE REIS FRANCOS.

16
O MEROVÍNGEO E A CAUSALIDADE
Lambert Wilson

A escolha é o tema central da segunda parte da trilogia: o Conselheiro Hamann a discute com Neo, enquanto Merovíngeo quer impor sua opinião sobre a causalidade. Merovíngeo, um traficante de informações que aparece no segundo e terceiro filmes, tem por lema a dualidade: causalidade ou escolha?

Um mafioso *high tech* com um discurso insidioso, tem por esposa Persephone, o que parece indicar que ele é um Hades, o deus dos mortos e dos mundos inferiores, o que é confirmado pelo nome do seu clube, Inferno.

A palavra Merovíngeo tem origem em *Meroveu* ou *Mérovee* ou *Merovech,* chefe franco filho de Clódio, membro dos chamados cicambrianos[31], morto em 458. Os reis merovíngeos eram considerados reis-sacerdotes, possuindo poder de cura e poderes hoje chamados para-normais. Alguns livros tentam provar que os reis merovíngeos poderiam ser de uma linhagem originada em Jesus de Nazaré, daí seus misteriosos poderes de cura.

31 Uma tribo germânica.

O Retorno de Perséfone, de 1891,
por Frederic Leighton (1830 - 1896).

17 PERSÉFONE

Monica Bellucci

Conhecida personagem da mitologia grega, filha de Deméter e Zeus, Perséfone é seqüestrada por Hades[32], o senhor dos infernos. Deméter solicita a Zeus que liberte sua filha, mas ele, temendo desagradar Hades, diz que a libertará se ela não tiver comido nada durante sua permanência nos mundos inferiores. Perséfone, porém, havia comido seis sementes de romã e por isto, mediante um acordo, tem de passar quatro meses por ano nos mundos subterrâneos, e os outros oito na superfície. Há versão diversas sobre quanto tempo Perséfone deve passar nos mundos inferiores ou sobre quantas sementes ela teria comido. De qualquer modo, Perséfone fica dividida, passando parte do tempo nos infernos e parte dele na superfície.

No filme, Perséfone exige de Neo um beijo amoroso em troca do Chaveiro, o homem que possui todos os códigos e que pode levar Neo a encontrar o Arquiteto. Após uma cena de ciúme de Trinity, Neo se 'sacrifica' e beija Persephone, o que claramente nos remete ao beijo de Judas em Jesus. Mas o traído é Merovingeo: o beijo de Persephone é uma vingança pessoal. Afinal, na mitologia pelo menos, ela está no Inferno contra sua própria vontade. Neo beija Persephone aparentando pensar em Trinity.

32 Plutão, na mitologia romana.

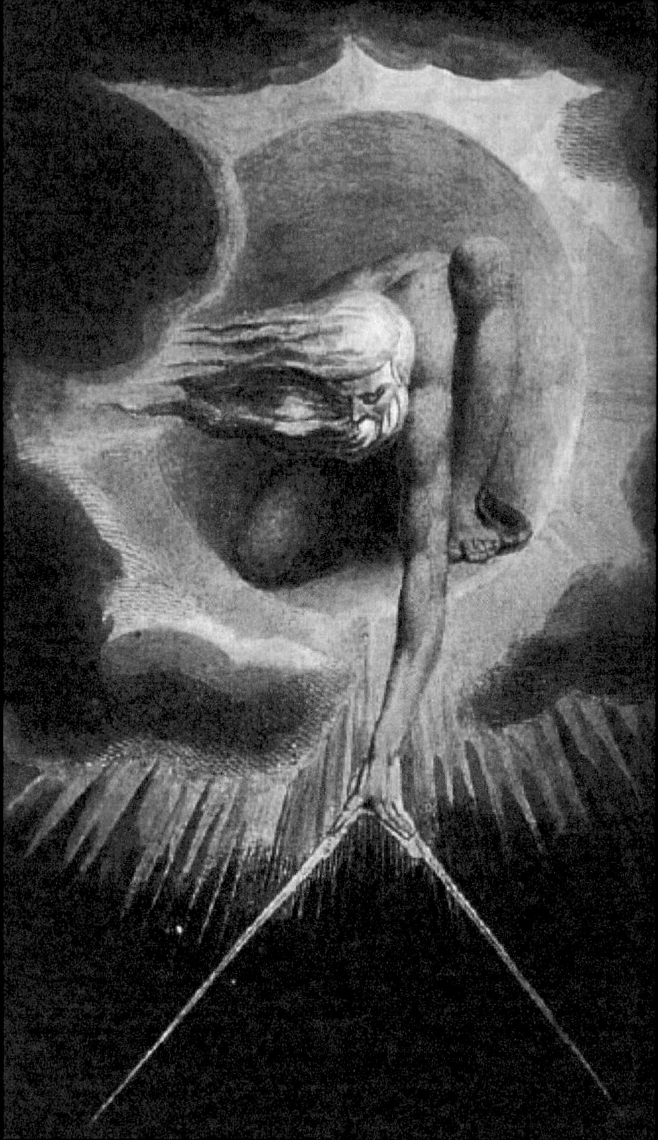

Deus como Arquiteto de William Blake (1757 - 1827).

18
O ARQUITETO
Helmut Bakaitis

A palavra arquiteto ou *ark tekton*, quer dizer '"antigo construtor". Este personagem é o mais intrigante do segundo filme da trilogia, trazendo mais perguntas do que respostas. A platéia se pergunta: afinal, quem é o Arquiteto?

Numa sala fria e aparentemente esterilizada, dezenas de monitores mostram imagens de Neo em várias situações, demonstrando rebeldia. O arquiteto mostra uma frieza e tranqüilidade de quem espera todo aquele desenrolar; parece dominar e conhecer todo o planejamento. Ele afirma ser o pai, o criador de Matrix, e o Oráculo, a mãe. Mas o Oráculo também é um programa: um programa intuitivo .

O longo diálogo entre Neo e o Arquiteto tem de ser visto várias vezes para ser entendido: é longo, monótono e complexo. Seria o Arquiteto apenas mais um programa das máquinas – um blefe – para criar dúvidas em Neo? A dúvida seria a única coisa que poderia deter o Messias. A dúvida no sucesso de sua missão, e até da sua própria natureza.

Se o Arquiteto é um programa, criador e gerenciador de Matrix, quem criou o Arquiteto? A "Fonte"? Se Neo é uma "anomalia integral", não planejada mas possível, seria ele mais uma forma de controle?

A primeira Matrix falhou porque era perfeita. Então foi necessário criar um mundo com algumas imperfeições e rebeldes para que fosse verossímil. O Arquiteto afirma que a primeira tentativa fracassou, mas que o Oráculo encontrara a solução: os humanos aceitariam o programa de Matrix se lhes fosse dado ter escolhas, mesmo que elas fossem inconscientes. A rebelião é uma escolha.

Neo seria a sexta manifestação ou versão da anomalia. Tal como um *avatar*[33], ele reaparece para cumprir sua missão sagrada mais uma vez. Neo, a falha matemática – do ponto de vista das máquinas – tem seu equivalente negativo em Smith, que quer eliminar Zion e dominar Matrix. A missão de Neo foi facilitada? Afinal, pode ser que destruir Zion não seja um bom negócio para as máquinas. Zion poderia ser um estoque extra de humanos-baterias para uma emergência. Seria este um gancho para uma nova trilogia? O agente Smith tinha que ser detido, pois sua ganância poderia comprometer o sistema de Matrix.

O Arquiteto apresenta a Neo uma escolha: salvar Trinity ou Zion. Mais uma vez: trata-se de uma escolha. Nas palavras do Arquiteto:

> A função do Escolhido é retornar à Fonte, permitindo uma disseminação temporária do código que ele

33 Messias hindu que se manifestou nove vezes na Índia até o momento, segundo a tradição.

> carrega, re-inserindo o programa principal, após o que ele será solicitado a selecionar 23 indivíduos, 16 mulheres e sete homens para reconstruir Zion. O Fracasso em cumprir este processo resultará na destruição de Zion e de todos os conectados em Matrix.

Neo salva Zion, mas não pôde salvar Trinity pela segunda vez. Também não segue todas as previsões do Arquiteto em escolher indivíduos para reconstruir Zion. Afinal, previsão é com o Oráculo.

Neo, como "anomalia integral", surpreende o Arquiteto. Mais uma vez escolhas: acordar ou continuar dormindo, amor pessoal ou impessoal? Todos nós, a cada momento, estamos fazendo escolhas, quer queiramos, quer não...

Ao final da trilogia, o Arquiteto discute com o Oráculo o final da guerra. Na verdade, uma trégua, que foi obtida por Neo ao se integrar consciente e voluntariamente ao sistema – a única forma de parar o Agente Smith que, com sua megalomania, quer dominar os dois mundos: o real e a Matrix.

São Pedro, o chaveiro do Paraíso.

19
O CHAVEIRO
Randall Duk Kim

- Como você sabe?
- Preciso saber. Este é meu propósito.
Diálogo com o CHAVEIRO

Segundo a tradição cristã, São Pedro é aquele que possui as chaves do Céu. Assim, mais uma vez, uma figura cristã aparece subliminarmente no filme. O Chaveiro parece saber mais do que aparenta, considerando-se sua condição de mero elemento de ligação. É, porém, consciente do seu papel e sabe da importância da unidade de esforços na hora de abrir a porta que dá acesso ao Arquiteto: "Se um falhar, todos falharão".

O Chaveiro reforça o argumento do trabalho conjunto de Trinity, Neo e Morpheus, ou seja, a união do Amor - Conhecimento

- Sabedoria. Sem esta união não é possível ao homem que se encontra no caminho do despertar obter a chave que dá acesso ao "Grande Arquiteto", expressão maçônica para Deus.

> Mulah Nasrudin procura, olhando para o chão, alguma coisa na rua.
> - O que está procurando, Mulah? - pergunta um conhecido.
> - Minha chave - responde Nasrudin.
> - Onde você a perdeu? - pergunta o amigo.
> - Em minha casa - diz o Mulah.
> - Ora, então por que procura aqui na rua? - estranha o amigo.
> - É que aqui tem mais luz - responde Nasrudin.
>
> Condé, 1987, p. 41

Nos contos folclóricos o simbolismo da chave aparece com freqüência como sendo de três tipos diferentes:

> Uma de prata, concerne a revelações do ensino psicológico. A segunda, de ouro, às do saber filosófico. A terceira, de diamante, confere o poder. A chave simboliza um arcano, uma obra a se realizar, mas também o meio para sua execução. Pode se referir ao umbral entre a consciência e o inconsciente.
>
> Chevalier; Gheerbrant, 1996, p. 233

São Tomé por Caravaggio (1571 - 1610)

20
COMANDANTE LOCK
Harry Lennix

Mais uma vez as irmãs Wachowski fazem um trocadilho com um nome de um personagem, evidenciando, assim, uma característica predominante do mesmo. *Lock* quer dizer "fechadura", sendo o comandante do filme completamente fechado à idéia de um Messias, posição oposta a de Morpheus. É o próprio São Tomé, mais uma referência bíblica do filme.

Além disso, o Comandante Lock tem uma disputa pessoal com Morpheus por Niobe. Na mitologia grega, Niobe é irmã de Pélops e esposa de Anfião, Rei de Tebas. Como já vimos, a história de Niobe é, de fato, uma tragédia grega: teve 14 filhos, sendo metade homens. Ela era neta de Zeus, o pai dos deuses. Niobe, por seu orgulho exagerado, ofende Leto (ou Latona, mãe de Diana e Apolo), o que conduz a sua perseguição pelos deuses e redunda na morte de seus filhos e marido. Zeus, compadecido com as dores de Niobe, transforma-a em estátua.

No filme, Niobe salva Morpheus em um momento crítico, durante a corrida na auto-pista. Niobe é para Morpheus o que Trinity é para Neo.

Cerimônia de queimar uma viúva hindu com o corpo de seu falecido marido.

Essa cerimônia de sacrifício ou auto-sacrifício chamada Sati foi proibida na Índia.

21
O CASAL INDIANO

O casal indiano negocia com Merovíngeo, o pirata da informação, a segurança da filha (Sati), mesmo que isto requeira o próprio sacrifício. O nome do homem – Ramachandra – é peculiar: Ramachandra é o nome de um dos avatares (encarnações) de Vishnu, o Preservador do Universo, o segundo aspecto da trindade hindu.

Outro momento do filme que nos remete a tradição hindu é quando Neo vai até a Cidade das Máquinas, propondo-se a deter Smith e acabar com a guerra. O rosto gigantesco, ora em trevas, ora luminoso, que aparece é uma clara referência à manifestação de Krishna no Bhagavad Gita. Arjuna, ao pedir para ver Deus como ele realmente é, afirma: "Em ti não há princípio, meio ou fim; teu poder é imenso; infinito são teus braços; tens por olhos o Sol e a Lua; teu rosto é flamejante como o fogo do sacrifício e com tuas irradiações abrasas este universo."[34]

---

34 *Bhagavad* Gita, cap.11, vers.19. Tradução de Roviralta Borrel. São Paulo: Ed. Três, 1973.

"O barqueiro Caronte", de Gustave Doré (1832 - 1883).

22
O MAQUINISTA
Bruce Spence

Mais um personagem que remete à mitologia, seja grega ou babilônica: o Maquinista nada mais é do que Caronte, o barqueiro que atravessa os mortos de um lado para o outro no pós-morte. Caronte é filho de Érebo (um dos filhos de Caos) e da Noite. Ele é o barqueiro que cobra pela travessia do lago Estige e do rio Aqueronte. As almas que não receberam sepultura são obrigadas a vagar cem anos pela beira do Estige.

Da mesma forma, Gilgamesh tem que atravessar um oceano com a ajuda de um barqueiro, Urchanabi. Este é o caminho até Utnapishtim, o "Noé" assírio-babilônico, para tentar obter a imortalidade.

Assim como as almas ficam no limbo até serem atravessadas por Caronte, da mesma forma Neo fica preso entre dois mundos, o real e a Matrix, após de ter gasto toda sua energia para deter os polvos-robôs. Em coma, Neo fica no limbo. Depois acorda numa estação de trem cujo nome é *Mobil Ave*. Mobil é um anagrama para Limbo. "Ave" em latim que dizer bem vindo, ou seja bem vindo ao Limbo. o Indiano pai de Sati, a garotinha diz: "Esse lugar é lugar nenhum. Fica entre o seu mundo e o nosso."

"Jesus expulsa os demônios", de Gustav Doré
(1832 - 1883).

23
BANE
Ian Bliss

"Bane" ou seja banido e expulso, em português, mostra bem o caráter do personagem que está "possuído" pela consciência do Agente Smith. O personagem remete aos possessos, aqueles dominados por consciências externas e demoníacas. Num dado momento ele referindo-se a Neo diz: "Vamos rever você!" falando não como uma pessoa, mas dando entender que é muito mais que um, como diria uma expressão bíblica é uma "legião". Dominado pela mente de Smith ele ataca Neo e o cega, mas o tiro sai pela culatra, pois mesmo cego fisicamente Neo passa a ver "espiritualmente" os aspectos energéticos dos homens e máquinas.

Helena P. Blavatsky (1831 - 1891),

fundadora do movimento teosófico moderno.

24
MATRIX E A TEOSOFIA

Na tradição da Teosofia[35], Neo seria facilmente interpretado como o aspecto mental, por seus conhecimentos e tendências intelectuais; Morpheus, como a sabedoria; e Trinity, como o amor. Esta trindade AMOR - CONHECIMENTO - SABEDORIA são os elementos vitais para a compreensão da constituição setenária do homem.

Segundo a Teosofia, o homem é composto pelos seguintes elementos:

1. CORPO FÍSICO: o corpo biológico (preso nas incubadoras das máquinas)
2. CORPO ETÉRICO: a energia vital (a energia que alimenta as máquinas)
3. CORPO ASTRAL: o aspecto emocional (os desejos da carne, como quando Cypher expressa seu desejo por carne e vinho)

35 Fundada por Helena Blavatsky em 1875 com o objetivo de estudar filosofia, arte, ciência e religião comparativamente, e de fundar um núcleo de fraternidade universal para estudar os poderes latentes no homem e na natureza.

4. MENTAL INFERIOR: a mente concreta (o raciocínio mecânico, como do Agente Smith)
5. MENTAL SUPERIOR: a mente abstrata (a matemática, a filosofia, a liberdade, o questionamento – Neo)
6. INTUIÇÃO/ CORPO BÚDICO: o conhecimento direto da realidade (Morpheus)
7. ALMA/ATMA: a manifestação da divindade no homem (o Amor – Trinity)

O livro *Luz no Caminho,* escrito por Mabel Collins em 1859, um dos clássicos da Teosofia, considerado um guia para os teosofistas, apresenta ensinamentos que parecem saídos da boca de Morpheus – e que Cypher certamente não seguiu:

> Mata todo o sentimento de separatividade.
>
> Mata o desejo de sensação.
>
> Deseja somente o que está dentro de Ti.
>
> Pois dentro de ti está a luz do mundo, a única luz que se pode derramar no sendero (caminho espiritual).
>
> Se és incapaz de percebê-la dentro de ti mesmo, é inútil procurar em outra parte.

Na Teosofia, o despertar é estimulado através da meditação, do serviço, do estudo de obras clássicas das religiões e textos do próprio movimento teosófico. Entre conhecidos personagens, escritores e pensadores influenciados pela Teosofia encontramos: Krishnamurti, Gandhi, Mondrian, Roso de Luna, Kandinsky, Fernando Pessoa.

25
MATRIX E RELIGIÃO

O retalho filosófico do filme *Matrix* envolve todas as principais tradições. Como mencionado em exemplos e trechos anteriormente citados, a visão de que o mundo comum é constituído por sombras (Platão) ou que é irreal, aparece em todas as religiões, não constituindo novidade, em termos de roteiro cinematográfico. A palavra *maya* (ilusão) define bem isto na tradição hindu/budista. *Maya* deriva da contração de *ma,* que significa "medir, marcar, formar, construir", denotando o poder de Deus ou do demônio de criar ilusão, e *ya*, que significa "aquilo". Portanto *Maya* "demarca aquilo" que forma, que vemos ou percebemos ordinariamente.

Zoroastrismo:

Do Zoroastrismo, encontramos o dualismo de bem e mal, o mundo ilusório da Matrix versus a realidade de Zion. Os agentes Smith/Ahriman *x* Neo/Ormuz[36], as máquinas *x* os homens, a quantidade *x* a qualidade, os despertos *x* os adormecidos.

36 Ahriman e Ormuz: ver Glossário.

BUDISMO:

O Bodhisattva das doutrinas do Budismo Mahayana, do norte da Índia, é contemplado no filme, com apoio do Budismo Zen, como pano de fundo.

O despertar budista ou sufi é a meta estimulada por Morpheus durante todo o treinamento de kung fu[37] de Neo, como mostrado no primeiro filme.

CRISTIANISMO:

O messianismo cristão é evidente. São vários elementos, ver capítulo 5. Por outro lado Jesus depois de preso ao ser interrogado por Pôncio Pilatos se era judeu e o que tinha feito responde (João 18:36) "Meu Reino não é deste mundo. Se fosse, os meus servos lutariam para impedir que os judeus me prendessem. Mas, agora, meu Reino não é daqui." Mais um testemunho entre muitos de que ele falava de outro nível de realidade.

Em João 14:2-4, Jesus deixa explícito os outros reinos espirituais e possibilidades que ele chama de "moradas". "Na casa de meu Pai há muitas moradas. Se assim não fora, eu vo-lo teria dito. Pois vou preparar-vos lugar. E, quando eu for e vos preparar lugar, voltarei e vos receberei para mim mesmo, para que, onde eu estou, estejais vós também. E vós sabeis o caminho para onde eu vou."

Também é de se lembrar que existem diferentes "céus", níveis, como fica claro em Coríntios 2: 12 "Devo continuar me orgulhando, embora isso não valha nada. Agora vou falar das visões e revelações que tenho recebido do

37 O Kung fu é uma arte marcial influenciada pelo Taoísmo e nascida na Índia, tendo sido levada por Bodhidarma, o famoso monge budista, para a China, onde se desenvolveu no mosteiro Shaolim.

Senhor. Conheci um homem em Cristo que, há cartoze anos, foi elevado ao terceiro céu. Não sei se ele estava no seu corpo ou fora do seu corpo, Deus o sabe. Eu sei que esse homem foi levado ao paraíso. Porém não sei se ele estava no seu corpo ou fora do seu corpo, só Deus sabe, mas ele ouviu palavras que não podem ser explicadas e que não é permitido ao ser humano falar."

Tais afirmações de arrebatamento não deixam de ser metáforas, de realidades não físicas, explicitadas numa linguagem religiosa semita, típica do século I. Estar "fora do corpo" como mencionado no texto lembra, nos dias de hoje a realidade virtual ou o "Metaverso".

HINDUÍSMO:

O *avatar* hindu militante, rajásico[38], revela-se através de seu combate travado na era de ilusões (*Maya*/Matrix), que lembra a *Kali Yuga* (a idade do conflito). Esta é a época em que vivemos, não na Matrix cinematográfica, mas na vida contemporânea. Qual das duas seria mais perigosa?

Os indianos falam de quatro idades ou períodos de tempo, as *Yugas*:

- *Satya Yuga* correspondente à Idade do Ouro ou à era greco-romana, período de tempo em que a Lei Cósmica é seguida integralmente;
- *Treta Yuga*, Idade da Prata, em que a Lei decai ¼;

38 Rajásico, significa ativo. Relativo a *rajas* (atividade, movimento, paixão), uma das qualidades da matéria segundo a filosofia védica. As demais são *tamas* (inércia, ignorância, apatia) e *sattva* (equilíbrio, harmonia, sabedoria, paz). N.E.

- *Dvapara Yuga*, Idade do Bronze, período em que a Lei decai 2/4;
- *Kali Yuga*, a era do conflito, a Idade do Ferro; período em que a Lei Cósmica só é seguida em ¼ dos 4/4 originais.

Em *Shiva e Dionísio*, Alain Daniélou (1989, p. 196-7) descreve a *Kali Yu*ga da seguinte forma:

> Os ritos perecerão nas mãos de homens sem virtudes. Pessoas praticando ritos transviados espalhar-se-ão por toda parte. Os homens serão atormentados pela inveja, irritáveis, sectários, indiferentes às conseqüências de seus atos. São ameaçados pela doença, pela fome, pelo medo e terríveis calamidades naturais. Seus desejos são mal orientados, seu saber é utilizado para fins maléficos. São desonestos. Muitos perecerão.

Taoísmo:

O Taoísmo propõe o desenvolvimento do auto-controle, o domínio da mente e do corpo, objetivando uma harmonia transcendente, a obtenção da saúde perfeita e a busca da imortalidade. O Taoísmo lembra que o homem é a ponte de ligação entre a terra e o céu.

A 'pílula vermelha' remete ao simbolismo alquímico chinês da cápsula de cinábrio, que é considerada a pílula da imortalidade. O vermelho é a cor a da pedra filosofal, da boa sorte e do sangue.

O Oráculo usa um brinco com o símbolo do *Tao* (*Yin* e *Yang*) no terceiro filme.

ISLÃ:

Neo está empenhado numa *jihad* para salvar uma comunidade (*uma*) da destruição. Seu comportamento está baseado numa ética que segue regras próprias (*sharia* = lei). Ele é visto como um *imã* ou como um profeta previsto pela tradição (*suna*).

Neo é um Noé, um *avatar*, um *imã* oculto, o Messias *pop big tech* que será a marca de toda uma geração que, esperamos, acorde o mais breve possível, o que permitiria à humanidade dar um salto quântico em seu crescimento espiritual.

Livro original de Peter Pan (com a sombra) ilustração de F.D. Bedford (1864–1954).

26
SMITH E A SOMBRA

No primeiro filme Neo "entra" em Smith e o destrói de dentro para fora, mas como aspecto sombrio o guardião das máquinas reaparece, pois a sombra não pode ser destruída definitivamente. Está sempre presente e com a qual devemos negociar, pois não pode ser ignorada, o filme é um prato cheio para os "junguianos" de plantão. Smith desconecta-se da fonte e repete o mantra da separatividade: Eu! Eu! Eu! E se multiplica aos borbotões. De guardião à sombra, ele alça o vôo de Lúcifer, desafiando a Fonte e os humanos. É interessante lembrar a história de Peter Pan, quando Peter perde sua sombra e tem de capturá-la e prendê-la nos seus pés, assim não se pode viver sem sombra, é preciso sim, mantê-la sob observação atenta.

Os três canais da fisiologia Yogue.

27
OS TRÊS CANAIS

Quando Neo – já cego, fisicamente – se dirige para a cidade das máquinas, ele guia Trinity com a sua visão espiritual, através da qual vê a energia, a luz ou 'aura' das máquinas. Ele segue 'três tubulações' paralelas que parecem ser os canais por onde flui a energia que alimenta o sistema.

Segundo a filosofia iogue, existem 72 mil *nadis* ou canais etéricos por onde corre a energia vital no corpo humano. Tal como os meridianos da acupuntura, os *nadis* são linhas de força, por onde a energia vital circula. Segundo o texto clássico *Gheranda Sanhita*[39], esta energia é dividida em cinco tipos:

VYÃNA	circula no corpo todo
UDÃNA	circula pela garganta
SAMÃNA	circula na região do umbigo
APÃNA	circula na região anal
PRANA	circula na região do coração

39 Texto clássico hindu. Os tipos de energia são descritos também nos *Upanishads*. TINOCO, 1992, p. 122.

Os *nadis* (canais) principais são três: dois paralelos à coluna vertebral e um no centro da mesma, chamado *shushuma*. Por estes três canais é que ascende a *kundalini*, palavra derivada de *kundal*, que significa 'enroscar' e remete à idéia de uma serpente enroscada. *Kundalini* é a energia sexual, o poder criador que está adormecido na base da coluna vertebral, no *chakra* básico. Este é um dos sete centros de força etéricos, segundo a anatomia oculta iogue. Os três canais são: *Ida*, o canal esquerdo; *Pingala*, o canal direito; e *Shushuma*, o canal central. Juntos, lembram o caduceu de Hermes, o símbolo da medicina.

Assumir o controle das energias vitais – e em especial da energia criadora *kundalini* – é a meta central do treinamento tântrico, a doutrina hindu-shivaísta que prega que o universo foi construído a partir da energia da deusa Shakti, a esposa de Shiva.

Os três canais de força que conduzem Neo e Trinity à Fonte ou à origem de todas as máquinas são a indicação elétrica, física, e material do arquétipo da filosofia oculta dos iogues, cujo domínio é fundamental para se chegar ao *samadhi*, a iluminação ou despertar.

Li Tie Guai, um dos oito imortais chineses, com a pílula da imortalidade.

28
TOMANDO A PÍLULA CERTA

Neste capítulo fica a sugestão de um balanço existencial que você pode iniciar, caso ainda não tenha esse hábito, ou implementá-lo, utilizando o exercício proposto no final do livro. Afinal, que personagem estamos vivendo?

- O SÁBIO MORPHEUS, já desperto, mas em busca da salvação, da sabedoria e do poder do Messias, para si mesmo e para os seus?
- A DEUSA TRINITY, a Joana d'Arc moderna em ativa ação complementar, aguardando a profecia de um príncipe que não vai virar sapo; doadora de vida e amor?
- O ESCOLHIDO NEO. Quem sabe o seu papel seria o de Neo? Você desconfia que há algo de errado no sistema? Ou está satisfeito com o rumo da sua vida, acha que ela está sendo vivida da forma correta?

São inúmeras questões que você pode se fazer. Aproveite algumas mais:

> Está tudo perfeito demais? Vem 'tempestade' por aí? Ou está tudo errado, e então vai, afinal, melhorar?
>
> Quem escreveu este roteiro surreal? Eu mesmo ou uma Matriz? Será que seu *script* é assim mesmo? Não estará faltando nenhuma página?
>
> Por que o 'bandido' da sua vida pessoal não morre? Quem é o bandido? Estará ele em você mesmo?
>
> Você não conhece nenhum Morpheus verdadeiro, que não esteja meramente interessado em sua conta bancária?
>
> Será que existe um treinamento que possa despertar o homem da mesmice e da cômoda ignorância em que ele vive? Será que tal processo dói? Mas viver já não dói também? Isto à sua volta é *viver*?
>
> Ainda há tempo de mudar nosso roteiro?
>
> Será que você já se conformou em ser um Cypher? Será? Deus nos livre desta possibilidade! Pois neste caso você está lendo o livro errado...
>
> Não seria melhor tomar a 'pílula azul'?
>
> Ou você tem coragem de enfrentar a verdade, escolhendo a vermelha?

Cada um de nós vive um papel e é curioso observar o roteiro de nossas vidas repetir-se ano após ano, na colheita de ações repetitivas e previsíveis. Escrever um diário pode ser útil, pois ajuda a visualizar estas repetições, que muitas vezes passam desapercebidas.

Ao longo dos dias, das semanas possivelmente passamos de um papel a outro de acordo com as situações que vivemos, assim como nossas tendências naturais. Quem sabe hoje você acordou Morpheus e vai procurar sua parte Neo? Quem sabe você acordou Trinity e está sendo guiado(a) pelo Amor ?

Mas se você amanheceu Cypher... Bem, lamento dizer, mas você não acordou. E o *Exterminador do Futuro* de Arnold Schwarzenegger - ator e ex-governador da Califórnia - bem poderia dizer: "*Hasta la vista, Baby!*"

29
SERÃO LIBERTOS OS QUE DESEJAREM SER...

A declaração do Arquiteto no final do terceiro filme, de que os que desejarem serão libertos, é no mínimo controvertida. Como os homens adormecidos em Matrix vão ter opção? Seria preciso que as opções fossem apresentadas, poucos por força e vontade própria acordam.

O Arquiteto inclusive acusa os homens de não terem palavra: Você pensa que sou humano? Faltar com a verdade é condenável em todas as tradições, e em *Matrix* a verdade está escondida digitalmente num mundo virtual. Ironicamente o Arquiteto acusa os homens de não serem sinceros... Isso nos lembra *sathya,* que em sânscrito significa verdade ou veracidade. Um conceito universal que indica a honestidade de ação, palavra e pensamento, não à toa "Verdade" em árabe é um dos nomes de Deus.

Para acordar de Matrix é preciso a força de vontade de um Neo, pois muitos como Cypher preferem a ilusão cotidiana e a maioria não sabe o que é Matrix, ou *Maya* o ilusório e baixo estado de consciência. O desconhecimento generalizado do baixo nível de consciência demonstra a necessidade de um mensageiro ou de um "João Batista", um Guru (dissipador de trevas espirituais) que possa dar ignição ao processo de auto-conhecimento, tal é o papel desempenhado por Morpheus nos quatro filmes.

A afirmação do arquiteto pode ser uma pista do que acontecerá em *Matrix IV*. As máquinas vão cumprir o acordo?

30
MANTRA FINAL

É sintomático que a música final quando sobe os créditos no terceiro filme, *The Matrix Revolutions,* seja um mantra hindu. A palavra mantra, provem do sânscrito *Man,* mente e *Tra,* ferramenta. Então mantra é uma ferramenta sonora que protege a mente dela mesma uma poderosa auxiliar da meditação. Esse mantra foi extraído do *Brhadaranyaka Upanishad,* os *Upanishads* são parte das escrituras hindus, que discutem aspectos da religião. Acredita-se que tenha sido composto por volta de 700 a.C. é atribuída autoria ao rishi (sábio) Yajnavalkya.

Os *Upanishads* são comentários aos Vedas (os quatro livros sagrados do hinduísmo), sua finalidade e essência, sendo portanto conhecidos como *Vedanta* ("o fim do Veda"). O termo *Upanishad* deriva das palavras sânscritas *upa* ("perto"), *ni* ("embaixo") e *shad* ("sentar"), representando o ato de sentar-se, devotadamente, receptivo ao ensinamento do mestre espiritual. *Upanishad,* quase literalmente quer dizer, "aos pés do mestre." Estas obras tornaram-se conhecidas no mundo ocidental, pela primeira vez, no início do século XIX, através de uma tradução executada do persa para o Latim por Abraham Hyacinthe Anquetil-Duperron, que usou as traduções feitas ou mandadas fazer, do sânscrito ao persa, do príncipe Sufi mogul Dara Sikoh. Os versos desse mantra tem a seguinte tradução:

ॐ असतो मा सद्गमय

तमसो मा ज्योतिर्गमय

मृत्योर्मा अमृतं गमय

ॐ शान्तिः शान्तिः शान्ति

asato ma sadgamaya
tamaso ma jyotirgamaya
mrtyor ma amrtam gamaya
Brhadaranyaka Upanishad - I.3.28

Significado:

O primeiro verso - *ASATO MA SADGAMAYA* - "guie-me de *asat* para *sat*", ignorância ou irreal para o real/verdade.

O segundo verso - *TAMASO MA JYOTIRGAMAYA* - "guie-me da escuridão para a luz".

O terceiro e último verso - *MRTYOR MA AMRTAM GAMAYA* - "guie-me da morte para a imortalidade."

Rumo ao despertar espiritual...

Curiosidade:

"Navras" é uma composição e uma música da trilha sonora de *The Matrix Revolutions* da banda goa trance[40] Juno Reactor, cuja versão remix é composta por Don Davis e

40 Goa trance é um tipo de música eletrônica, que emergiu no final da década de 1990 no estado indiano de Goa com o músico ex-hippie norte-americano Goa Gil, uma vertente do Trance com uso de melodias repetitivas de trechos de mantras indianos e efeitos psicodélicos, com pequenas variações que se sobrepõe em multi-camada, apresentando também um bumbo característico com *pitch* menos elevado. (WIKIPÉDIA)

Juno Reactor com elementos vocais de Lakshmi Shankar e Azam Ali. A canção contém uma adaptação do *Pavamana Mantra* encontrado no texto sagrado hindu o *Brihadaranyaka Upanishad*, seção I.3.28, usado na trilha sonora do filme *The Matrix Revolutions*. O nome Navras pode se referir à noção de nove rasas (nava rasa) na estética sânscrita.

Canção: Navras
Artista: Juno Reactor
Compositores: Don Davis e Ben Watkins
Álbum: *The Matrix Revolutions*
Música: *The Motion Picture*
Lançado: 2003
SG, Project. 2020

Ouça:

31
MATRIX IV
ORÁCULO: POSSIBILIDADES DE SPOILLERS (ESCRITO EM 2020)

Como mencionado no capítulo 29, sobre a promessa de "libertar os que desejarem sair de Matrix" o não cumprimento desse acordo entre máquinas e homens, pode detonar uma nova guerra. E esta quebra de acordo pode ter alguns motivos lógicos prováveis:

1. A perda de uma grande safra de humanos nas máquinas útero, por contaminação de vírus ou alguma questão técnica. A própria paz estabelecida anteriormente pode ter tido um motivo oculto, de manter uma reserva estratégica (Sion), como um banco de material genético.
2. Quebra do contrato pura e simples, por mudança de interesse das máquinas depois que Smith foi derrotado definitivamente.
3. Smith não morreu e contaminou a fonte, pois se ele era a sombra de Neo, quando este entra na Luz, imergindo na **Fonte**, Smith foi junto, inconscientemente. E como um avatar do mal ele reaparece em busca de vingança.

O jeito é chamar Neo outra vez, ele volta mas ele tornou--se um mero programa da máquinas? Um reles antivírus contra Smith ?

4. O restabelecer da Guerra como motivação, incentivo aos humanos, para que os mesmos tenham noção e valor da vida. Mantendo Sion ativa e saudável para fornecer material genético no futuro, se necessário.
5. Uma epidemia atinge Sion, que decai populacionalmente de forma ameaçadora a diversidade genética. Os humanos resolvem retirar pessoas de Matrix em grandes quantidades, sem consultar as máquinas.

Vamos conferir o caminho que o filme tomou.

32
OBSERVANDO MATRIX IV
Spoiler Alert!

Nossa amada empresa-mãe, Warner Bros.,
decidiu fazer uma sequência para a trilogia.
Texto irônico em THE MATRIX RESURRECTIONS

Matrix IV: Ressurreições não apresenta grandes surpresas mas é uma continuidade das idéias desenvolvidas originalmente nos três filmes iniciais e o filme termina (?) sem fechamento... Talvez deixando um gancho para um quinto filme, a depender, possivelmente, de questões econômicas. Desde o último filme em 2003, *The Matrix Revolution,* até a presente data em 2021, podemos dizer que as três fundamentais proposições colocadas no primeiro filme são mantidas.

1. O adormecimento da consciência via realidade digital/ virtual.
2. A rebelião das criaturas contra os criadores.
3. A espera do retorno do Messias, literalmente ressuscitado.

O filme chama-se *Resurrections*, no plural, pois vários dos personagens são revividos, Neo e Trinity por engenharia genética e Morpheus por engenharia digital, numa versão mais jovem (consciência digital/exomorfo). As cápsulas de ressurreição foram criadas pelos programas indianos pais de Sati, a menina pela qual eles se sacrificam nos filmes anteriores, que reaparece e ajuda a retirar Trinity de sua prisão.

A repetição de imagens e cenas dos filmes anteriores serve de condução para os saudosistas e "fio de Ariadne", para quem não viu, ou pouco se lembrava dos filmes anteriores.

O Sr. Anderson (Neo) está de volta à Matrix trabalhando em uma empresa de jogos que tem o nome peculiar de "Deus Machina", ou seja uma clara usurpação da divindade pela máquinas. Trabalhando nesta empresa ele cria um jogo, game, chamado Matrix que é um sucesso mundial. O jogo foi criado, claro, com reminiscências de lembranças parciais de suas experiências anteriores. O que seu analista insiste em dizer que são fantasias e lhe receitar pílulas azuis para que Neo (Sr. Anderson) fique sob controle.

Uma série de elementos repetidos, extraídos dos filmes anteriores, um *loop* de imagens. O reaparecimento do gato preto cognominado *Deja-Vu*, bem como referências a Alice no país das maravilhas e o famoso "Coelho Branco" permanecem.

Também existem ironias quando os colegas de trabalho do Sr. Anderson falam de continuar o "**Game Matrix**", fazendo uma quarta versão e que seus patrões são a amada **Warner Bros**. (a real Produtora dos filmes). Existe também um questionamento quase jocoso do que seria Matrix (o game) pelos companheiros do Sr. Anderson: saga transgênero? Ou crítica ao capitalismo-facista etc. Diga-se dois temas levantados recentemente devido a mudança de gênero da diretora do filme Lana Wachowski e questões políticas. Sem contar inumeráveis interpretações conspiracionistas, mais ou menos delirantes em moda.

A "nave" usada pelos humanos chama-se "Mnemosine" que era uma Titã, feminina que personificava a memória na mitologia grega. A palavra "mnemônico» é derivada da palavra grega que significa "memória ou relacionada a ela. Assim é a busca da memória e lembrança de Neo que move a personagem "Bugs" e Morpheus no momento atual. Basicamente a percepção de que do casal central, deve ser mantido próximo (Neo e Trinity), o que gera uma tensão e energia, fazem com que as máquinas os tragam de novo a vida e os mantenham nas cápsulas úteros.

Os sentimentos de esperança (por exemplo da volta de Neo) e medo, dos humanos, mobilizam as pessoas de forma crucial gerando energia em oitavas maiores. Assim o enredo do **"Game Matrix"**, o medo de uma vida sem sentido, a esperança de um futuro melhor e sobrevivência é o "eureka!" energético das máquinas.

A questão binária é apresentada e citada várias vezes, quase como um roteiro taoísta (*Yin* e *Yang*), o Agente Smith reaparece, como sombra "junguiana" de Neo e combate as máquinas, com interesses próprios é claro.

"Livre arbítrio ou destino?"

Neo cumpre mais uma vez o seu papel de messias e, como o termo indica, ressuscita. Uma uma moça, chama-se Bugs (termo para defeito ou erro em computação) insinuação da imperfeição das máquinas e de sua capacidade (Bugs) em driblá-las? A história é passada 60 anos depois, dos acontecimentos mostrados no último filme. A atuação dos "Bots"(robôs), homens da Matrix controlados pelo "Analista", causa um impressão de "ataque zumbis", mostrados nos últimos filmes a respeito desse tema.

O filme quatro dá uma visão mais feminina à história, revisitando a importância de Trinity. A cidade de Z**io**n foi sucedida por **IO**, que é o nome de uma mitológica princesa de Argos. Este mito é narrado por Ovídio e por Ésquilo. Tendo Io, despertado o interesse de Zeus por sua rara beleza e o ódio de Hera por ciúmes do marido, Zeus. Io foi transformada numa novilha branca e vagou por muito tempo assim disfarçada até chegar ao Egito onde voltou a condição humana. Esse mito é relacionado à persistência e determinação. A mesma determinação humana em sobreviver apesar das máquinas da Matrix. Diga-se em *The Matrix Resurrections*, algumas máquinas com inteligência artificial estão cooperando com os humanos, mostrando assim um "casamento" possível. O personagem Niobe reaparece, agora como uma envelhecida "General" e lá pelas tantas diz: Zion estava presa na sua própria Matrix! Ou seja mesmo no mundo dito humano, real, existem ilusões e enganos próprios.

> Neste mundo traidor, nada é verdade nem mentira,
> tudo é segundo a cor do cristal com o qual se olha.
>
> RAMÓN DE CAMPOAMOR Y CAMPOOSORIO
> (1817/1901)

Neo tem uma auto-imagem diferente do que os outros o enxergam literalmente, seu reflexo no espelho é diferente de como ele se vê, por artes da Matrix. O café onde eles, Neo e Trinity, se encontram pela primeira vez chama *Simulatte* (Simulação), mais uma dica da falsa realidade.

Máquinas "Sencientes", como mencionado, passam a ajudar e interagir com humanos, na criação de uma **IO** melhor que Zion.

As máquinas, por falhas na distribuição de energia, partem para uma guerra intestina baseada na típica expressão egoísta brasileira: "Farinha pouca meu pirão primeiro!". Assim algumas delas se aliam aos humanos, pois não têm o desejo de dominar e sim de colaborar, caso do "Kujaku" que tem a forma de uma arraia, voadora.

"É tão perfeita (imagem da cidade) que parece falsa..."

Um dos personagens femininos tem um 8 deitado na lateral direita da cabeça, desenhado com o cabelo, símbolo do infinito, uma lemniscata, uma dica a mais que a história humana não tem fim ? Para se ter uma "nova chance"como mencionada por Trinity é preciso lembrar que é "facil esquecer", com "tanto ruído" que a Matrix despeja sobre nós, mantendo-nos ocupados e distraídos. E como disse Sati no filme três, *The Matrix Revolution*:

Veremos Neo outra vez?

33
O ALERTA DE STEPHEN HAWKING

A perda do controle sobre as máquinas com "AI", Inteligência Artificial, não é preocupação apenas de escritores de ficção cientifica como Isaac Asimov criador das três leis da robótica:

> 1ª LEI: Um robô não pode ferir um ser humano ou, por inação, permitir que um ser humano sofra algum mal.
>
> 2ª LEI: Um robô deve obedecer as ordens que lhe sejam dadas por seres humanos exceto nos casos em que tais ordens entrem em conflito com a Primeira Lei.
>
> 3ª LEI: Um robô deve proteger sua própria existência desde que tal proteção não entre em conflito com a Primeira ou Segunda Leis.

Mais tarde Asimov acrescentou a LEI ZERO, acima de todas as outras: um robô não pode causar mal à humanidade ou, por omissão, permitir que a humanidade sofra algum mal.

As máquinas em Matrix tem o "Gen" do egocentrismo, ignorando as três proposições de Asimov. O inglês Stephen Hawking, um dos mais famosos cientistas do mundo, falecido em março de 2018, manifestou preocupação com o desenvolvimento da AI, sem controle... Vejamos o que Hawking falou à BBC em 2 de dezembro de 2014:

> "O desenvolvimento da inteligência artificial total poderia significar o fim da raça humana", afirmou.
>
> Hawking fez a advertência ao responder uma pergunta sobre os avanços na tecnologia que ele próprio usa para se comunicar, a qual envolve uma forma básica de inteligência artificial.
>
> Hawking diz que as formas primitivas de inteligência artificial desenvolvidas até agora têm se mostrado muito úteis, mas ele teme eventuais perigos de se criar máquinas que sejam equivalentes ou superiores aos humanos.
>
> "(Essas máquinas) avançariam por conta própria e se reprojetariam em ritmo sempre crescente", afirmou. "Os humanos, limitados pela evolução biológica lenta, não conseguiriam competir e seriam desbancados."
>
> Nem todos os cientistas, porém, compartilham da visão negativa de Hawking sobre a inteligência artificial.
>
> "Acredito que continuaremos no comando da tecnologia por um período razoável de tempo, e o potencial dela de resolver muitos dos problemas globais será concretizado", opinou o especialista em inteligência artificial Rollo Carpenter, criador do Cleverbot, cujo software aprende a imitar conversas humanas com crescente eficácia.
>
> Carpenter disse que ainda estamos longe de ter o conhecimento de computação ou de algoritmos necessário para alcançar a inteligência artificial plena, mas acredita que isso acontecerá nas próximas décadas.
>
> "Não podemos saber exatamente o que acontecerá se uma máquina superar nossa inteligência, então não sabemos se ela nos ajudará para sempre ou se nos jogará para escanteio e nos destruirá", disse Carpenter, que apesar disso vê o cenário como otimismo por acreditar que a inteligência artificial será uma força positiva.

> Ao mesmo tempo, Hawking não está sozinho em seu temor. No curto prazo, há preocupação quanto à eliminação de milhões de postos de trabalho por conta de máquinas capazes de realizar tarefas humanas; mas líderes de empresas de alta tecnologia, como Elon Musk, da fabricante de foguetes espaciais Space X, acreditam que, a longo prazo, a inteligência artificial se torne "nossa maior ameaça existencial".
>
> (CELLAN-JONES, 2014, grifo nosso).

Outros autores e cientistas/inventores porém, falam no casamento da evolução humana com as máquinas, que Ray Kurzweil chama de **Singularidade**. O que seria uma forma de manter-se *pari passu* com a Inteligência Artificial (?).

O encontro da evolução biológica e tecnológica dar-se-ia através da: nanotecnologia, computação e engenharia genética o que daria origem ao transhumano. A questão é até que ponto tal ser continuaria realmente humano? Segundo Kurzweil, seria muito difícil distinguir a "realidade normal" da virtualidade, podendo o homem em breve, acessar a internet diretamente através do cérebro, com um "*chip*" implantado.

> Na minha opinião, o elemento mais importante neste upload será a transferência gradual de nossa inteligência, personalidade e habilidades para a parte não-biológica de nossa inteligência. Já temos uma variedade de implantes neurais. Nos anos 2020, usaremos nanobots para começar a aumentar nossos cérebros com inteligência não-biológica, começando com as funções rotineiras do processamento sensorial e da memória, passando para a formação de habilidades, reconhecimento

> de padrões e análise lógica. Na década de 2030, a porção não-biológica da nossa inteligência predominará, e até a década de 2040, a porção não-biológica será bilhões de vezes mais capaz. (KURZWEIL, 2006)

Além disso o tempo de vida seria esticado, de forma quase indefinida, segundo Kurzweil, percebe-se que, todos estes avanços vão desencadear uma série de questões morais e éticas. Pois tudo isto teria um custo/preço e quem poderá pagar? As pessoas poderão ter vidas simultâneas no mundo físico e no mundo virtual? Qual delas é valida? As duas? Casaremos com *robots* com inteligência artificial? Eles tem direito a herança? Podem ser sequestrados ou abusados sexualmente? Será crime? Na tentativa de superar-se o homem as vezes brinca de Deus, mas pelo menos na mitologia e na ficção esta brincadeira não costuma dar certo.

Como diria Trinity:
Abra os olhos, permaneça acordado!

Assista uma palestra do autor sobre os três primeiros filmes da quadrilogia.

EXERCÍCIOS
PARA CONSOLIDAR em você os EFEITOS DA PÍLULA VERMELHA

EXERCÍCIOS

Como instrumento para o autoconhecimento, aproveite as perguntas abaixo e faça os seus próprios comentários sobre este livro e formule novas questões. Se quiser compartilhar, marque o autor e a editora nas redes sociais. Ficaremos felizes em conhecer parte do seu processo de despertar. Boa sorte!

1. Eu sei por que estou aqui? Como?

2. Sou um escolhido ou uma escolhida?

2.1. Em quê? Ou Por quê?

2.2. DE QUE FORMA?

3. QUE PÍLULA QUERO TOMAR: A AZUL OU A VERMELHA?

3.1. Por quê? (Avalie perdas e ganhos)

4. Quem é Morpheus na minha vida?

4.1 E quais seus principais ensinamentos? (Aqueles que têm mais significado pra você.)

5. Sou um Cypher, em que medida?

5.1. Consigo admitir para mim mesmo(a) meus sentimentos sombrios e sabotadores? Quais?

6. Onde está Trinity na minha vida?

6.1. O QUE AQUECE O MEU CORAÇÃO AO RECORDAR?

7. COMO ME LIBERTAR DA MATRIX NA MINHA VIDA?

7.1. QUAIS SÃO OS CONDICIONAMENTOS QUE ME APRISIONAM? COMO EU ALIMENTO TAIS CONDICIONAMENTOS COM MEUS PENSAMENTOS, SENTIMENTOS, AMBIENTES ETC.?

GLOSSÁRIO

A

AHRIMAN OU ANGRA MAINYU

O diabo na sua versão zoroastrista; matou o primeiro homem, animal e planta criados por Deus.

AIKI

Em japonês, é um princípio dogmático das artes marciais japonesas, que descreve uma forma de abordar o contendor, em vez de pura e simplesmente opor-se a ele, harmonizar-se e usar da própria energia do oponente e canalisá-la de volta. Principles of Aiki and Kuzushi.

ALQUIMIA

Antiga e simbólica arte que visava transmutar a matéria vil em matéria nobre como, por exemplo, o chumbo em ouro e, por extensão, o homem vulgar em um iniciado, iluminado. Entre os mais famosos alquimistas podemos citar Paracelso, Nicolas Flamel e Basílio Valentim.

APÓCRIFO

Texto retirado da Bíblia ou não aceito pela ortodoxia católico-protestante.

ATMAN

Alma, Ser interior, em sânscrito.

AVATAR

Significa 'aquele que desce'. Segundo a filosofia-religião hindu, Deus manifestou-se e veio à Terra nove vezes. Deus se manifesta quando a Lei cósmica não está sendo seguida como deveria ser. Em ordem cronológica, Vishnu manifestou-se em diferentes eras, assumindo as seguintes formas:

Matsya: O Peixe

Kurma: A Tartaruga

Varaha: O Javali

Narasimha: O Homem-Leão

Vamana: O Anão

Parshurama: O Deus Rama com o Machado

Rama Chandra: O Rei sábio, guerreiro e justo. Sua vida é descrita na epopeia Ramayana.

Krishna: O mais popular deus indiano, quase sempre representado com uma flauta na mão. Seus ensinamentos estão na epopeia Mahabharata.

Budha: O fundador do Budismo, o príncipe Sidharta Gautama; para o hinduísmo Budha é um *avatar* e não um homem que atingiu a iluminação. Viveu no séc.VI a.C.

Kalki: O último *avatar* esperado pelos hinduístas; aparecerá montado em um cavalo branco, armado com uma espada e combaterá os *kshatrias*, os guerreiros corruptos.

B

BHAGAVAD GITA

Significa "as palavras do Senhor". É um trecho do Mahabharata em que Deus (Krishna) conversa com Arjuna, um dos comandantes do exército do bem que, indeciso no centro do campo de batalha, não quer combater. Krishna insta Arjuna a combater com um discurso filosófico.

BODHISATTVA

Aquele que atingiu a libertação final, acordou, mas recusa-se a entrar no *nirvana* (paraíso) até que todos os seres também o façam.

BHRAMA

O criador do universo, sendo um dos aspectos do Trimurti (trindade) segundo a tradição hindu. É representado com três cabeças olhando cada uma para um lado: o presente, o passado e o futuro. Sua esposa é Sarasvati (deusa da sabedoria e das artes) e sua montaria é o Cisne.

BUDISMO

Filosofia-religião criada por Sidharta Gautama, chamado de Buda, o Desperto. Buda viveu no séc.VI a.C. Após sua morte, seus ensinamentos foram codificados pelos monges, dando origem aos textos que hoje servem de base para os estudos e meditações de seus seguidores. O Budismo baseia-se na observação das quatro nobres verdades: a existência da dor, o sofrimento; a origem da dor, o desejo; para exterminar a dor é preciso matar o desejo; para matar o desejo é preciso desenvolver e aplicar oito qualidades: palavra correta, ação correta, meio de vida correto, esforço correto, plena atenção, pensamento correto, concentração correta e correta compreensão.

C

Cabalah

Tradição ou ensinamento reservado, transmitido de boca a ouvido pelos rabinos aos seus discípulos de confiança; esoterismo judaico. A Cabalah utiliza a equivalência entre as letras (hebraicas) e os números, e os nomes sagrados de Deus em suas invocações. Seus textos sagrados são a Torah e o Zohar (Livro dos Esplendores), entre outros.

D

Demônio

Do grego *daimon*, deus, espírito ou gênio vinculado ao homem., que pode ser bom ou mau. Originalmente esta palavra não tinha o significado negativo que lhe é atribuído hoje. Sócrates tinha um *daimon* que o inspirava.

Dharma

Palavra hindu que significa lei, obrigação moral além do *karma* individual. Cada pessoa possuiria um *dharma*, uma obrigação para consigo mesma e para com sua família e comunidade. Por causa do seu *dharma*, Arjuna – um guerreiro e um dos principais personagens do Bhagavad Gita – tem de combater.

G

Gilgamesh

Personagem principal da epopéia assírio-babilônica que leva seu nome. O tema central da história, escrita em caracteres cuneiformes, é a busca da imortalidade. O texto da Epopéia de Gilgamesh é anterior a 3.000 a.C.

Golem

Criatura feita de barro, criada por rabinos. A palavra hebraica *golem* quer dizer 'amorfo' ou 'embrião'.

H

Hare Krishna

Grupo religioso de origem hindu trazido ao ocidente pelo mestre Prabhupada. Baseia-se na *bakti yoga*, devocional, sendo Krisnha a principal manifestação divina e a forma mais cultuada em seus templos e cerimônias.

I

I CHING

Texto clássico oracular chinês que surgiu em um período anterior à dinastia Chou (1150-249 a.C.), também conhecido como o *Livro das Mutações*.

IMÃ

Exemplo, modelo, líder carismático xiita, ou seja, seguidor de Ali, sobrinho e genro do Profeta que, segundo seus discípulos, deveria ter sido o natural sucessor do mensageiro de Deus, Mohamed (Maomé). Os xiitas estão esperando a vinda de um Imã Oculto, um messias. Alguns iranianos acreditavam que o Aiatolá Komeini seria o predecessor do Imã Oculto.

IOGA OU YOGA

Sistema de realização espiritual codificado por Patanjali na Índia antiga. Seu texto básico é o *Yogas Sutras*. O yoga baseia-se na tradição védica, sendo considerado um dos seis pontos de vista filosóficos tradicionais.

ISIS

Deusa-mãe da mitologia egípcia, esposa de Osíris, mãe de Hórus, o deus com cabeça de falcão.

J

JIHAD

Palavra árabe que significa 'esforço determinado para atingir um objetivo', esforço sagrado de completar uma missão física ou espiritual.

JUNG, CARL GUSTAV (1875-1961)

Fundador da psicologia analítica, criador de termos como sincronicidade, inconsciente coletivo e individual. Jung foi pesquisador de alquimia e simbolismo em geral.

L

LOGOS

O Verbo que deu origem à Criação: *No Princípio era o Verbo o Verbo estava com Deus* (...). Palavra usada para designar Jesus, segundo São João.

LÚCIFER

'Aquele que porta a luz'; o anjo caído, expulso da presença divina por desobediência.

M

MAHABHARATA

Significa 'Grande Índia'; poema épico hindu com mais de 90.000 versos, que relata a guerra dentro de uma família pelo domínio de um reino. É considerado o mais longo épico já escrito.

Mahayana

Uma das principais escolas budistas; significa 'grande veículo de salvação'.

Matrix

Matriz.

Maya

Palavra sânscrita que quer dizer 'ilusão' ou 'o poder da divindade que cria as aparências'.

Morpheus

Deus do sono greco-romano, que deu origem à palavra morfina, poderosa droga anestésica.

N

Nabucodonossor

Rei babilônico que invadiu Israel e levou os judeus para o cativeiro no ano 597 a.C.

Niobe

Filha de Tântalo, irmã de Pélops, esposa de Anfião; contrariou os deuses por seu orgulho e foi punida com a morte da maioria dos filhos.

O

ODIN

Ou Wotan, pai dos deuses nórdicos e de Thor, deus do trovão; principal deidade dos povos nórdicos. Odin é o descobridor das Runas, o alfabeto mágico.

ORMUZ

Senhor sábio, adversário de Ahriman; é um dos *Amesha Spentas*, imortais sagrados do Zoroastrismo.

P

PITÁGORAS

Filósofo, iniciado, matemático grego, fundador da Escola de Mistérios de Crotona. Pitágoras nasceu em Samos no século VI antes da nossa era, tendo, pois, sido contemporâneo de Buda e Lao Tsé. Foi iniciado nos mistérios egípcios.

R

RAMA

Personagem central do *Ramayana*, clássico hindu que conta as aventuras do deus Rama em busca de sua esposa Sita, seqüestrada por um demônio.

RUNAS

Pré-alfabeto nórdico, usado como forma de arte divinatória, gravado em gravetos ou pedras. Segundo a mitologia, foi descoberta por Odin, o pai dos deuses.

S

SAMSARA

Samsara, o termo sânscrito e páli para "movimento contínuo" ou "fluxo contínuo". É relacionado ao karma. Na tradição hindu, *samsara* é a roda que representa a eterna repetição dos nascimentos e mortes, segundo o hinduísmo e budismo, da qual só se liberta após a iluminação. É relacionado ao karma.

SHAKTI

Deusa, energia feminina; esposa de Shiva, o terceiro aspecto da trindade indiana.

SHAMBHALA

Misteriosa cidade ou civilização onde residiria o Rei do Mundo, o administrador oculto da terra, segundo várias correntes ocultistas. A tradição de Shambhala é divulgada no Tibet e na Mongólia, bem como no norte da Índia em geral.

SHIVA

Um dos principais deuses do panteão hindu, é o destruidor-renovador. Sua montaria é o touro branco, Nandi. Shiva é o padroeiro e mestre dos *yoguis*; veste-se com pele de tigre e é representado dançando com um círculo de fogo à sua volta ou meditando em postura de yoga.

SHIVAÍSTA

Seguidor de Shiva.

SOCIEDADE TEOSÓFICA

Sociedade fundada em 1875 por Helena Blavatsky, pesquisadora russa. Tem por objetivo estudar comparativamente a arte, a religião e a filosofia, bem como os poderes latentes no homem e na natureza. A principal obra de Blavatsky é *A Doutrina Secreta.*

SUFI

Mestre do esoterismo islâmico. A palavra *sufi* é derivada de *suf*, que quer dizer 'lã', o material de que era feita a roupa dos primeiros mestres.

T

TANTRA

Textos sagrados budistas ou shivaístas. 'Tântrico' quer dizer 'mágico, esotérico'.

TAO

Princípio que dá origem ao Universo; significa 'caminho', 'energia'. O universo é construído usando o *Yin* e o *Yang* – as duas polaridades, positivo e negativo, macho e fêmea. A união das duas energias opostas e complementares, *Yin* e *Yang*, é que forma o *Tao*.

TAOÍSMO

Doutrina filosófica codificada por Lao Tsé, no século VI a.C.. Seu principal discípulo foi Chuang Tsé. A Lao Tsé é atribuída a autoria do *Tao Te King* - O livro do caminho perfeito, obra fundamental do Taoísmo. Outro livro clássico do Taoísmo é o *I Ching*, famoso texto divinatório.

TEOSOFIA

Palavra grega que significa 'sabedoria divina'. Conjunto de ensinamentos originalmente nascidos no séc.II da nossa era e revividos por Helena Petrovna Blavatsky através da fundação da Sociedade Teosófica.

U

UESHIBA

Morihei Ueshiba, codificador do Aikidô, arte marcial japonesa. Nasceu em 1883 e faleceu em 1969. O Aikidô baseia-se na harmonia universal e no domínio do *Kí*, a energia vital.

UMA

Um dos nomes da esposa de Shiva, o Deus da renovação-destruição.

V

VEDAS

Os quatro Vedas são os livros sagrados indianos, sendo considerados 'a Bíblia' do atual hinduísmo. A palavra 'veda' é derivada da raíz 'vid', que quer dizer 'sabedoria'. *Rig Veda*, o mais antigo, é composto de hinos de louvor aos deuses. Os outros Vedas – que abordam música, leis, medicina, entre outros assuntos – são: *Sama Veda, Apharva Veda e Yajur Veda*.

VISHNU

O preservador do universo na religião hindu e segundo aspecto da trindade, Vishnu ou Mahavishnu é representado com a pele azul e quatro braços, tendo nas mãos uma maçã, um *chakra* (disco), uma flor de lótus e uma concha.

Z

ZEN

Ramo de filosofia budista; escola que prega a iluminação através de um tipo específico de meditação, *Zazen*. O Zen foi levado para a China por Bodhidarma, monge hindu, que se tornou o primeiro patriarca do Zen chinês .

ZION OU SION

Nome de monte em Israel.

ZOROASTRO

Profeta criador do Zoroastrismo, nascido no ano de 1400 a.C. na Pérsia antiga. Os zoroastristas foram muito perseguidos em sua terra natal, sendo que atualmente os maiores centros desta religião estão concentrados na Índia. O livro sagrado do Zoroastrismo é o Avesta. A religião é caracterizada pelo culto ao fogo e pela pureza física e moral.

BIBLIOGRAFIA

ALCORÃO, português. *Alcorão, vrsão de Samir El Hayeck.* São Bernardo do Campo SP: Ed. Centro de Divulgação do Islam para América latina, 1989.

ANAND, Margo. *A Arte do Êxtase: os princípios da sexualidade sagrada.* Rio de Janeiro: Campus Editora, 1992.

APÓCRIFOS, português. *Apócrifos da Biblia e Pseudo-Epígrafos,* São Paulo: Editora Cristão Novo Século, 2004.

AZEVEDO, Murillo Nunes de. *A Essência da Alquimia.* Rio de Janeiro: Civilização Brasileira, 1973.

BÍBLIA, português. *Bíblia sagrada, edição pastoral,* São Paulo: Paulus Editora, 1990.

BORREL, Roviralta (trad.). *Bhagavad Gita.* São Paulo: Editora Três, 1973.

BRUNEL, Pierre (org.). *Dicionário de Mitos Literários.* Rio de Janeiro: José Olympio Editora, 1997.

BUCK, William. *Mahabharata* (recontado). São Paulo: Editora Cultrix, 1995.

______. *Ramayana* (recontado). São Paulo: Editora Cultrix, 1995.

BULFINCH, Thomas. *O Livro de Ouro da Mitologia.* Rio de Janeiro: Tecnoprint, 1965.

CAMPBELL, Joseph. *O Herói de Mil Faces.* São Paulo:

Cultrix-Pensamento, 1996.

_______; Moyers, Bill. *O Poder do Mito.* São Paulo: Ed. Palas Atena, 1990.

Cellan-Jones, Rory. BBC News Brasil. 2014. Disponível em: https://www.bbc.com/portuguese/noticias/2014/12/141202_hawking_inteligencia_pai

Chevalier, Jean; Gheerbrant, Alain. *Dicionário de Símbolos.* Rio de Janeiro: José Olympio Editora, 1982.

Cirlot, Juan-Eduardo. *Dicionário de Símbolos.* São Paulo: Editora Moraes, 1984.

Collins, Mabel. *Luz em el Sendero.* Rosário: Ediciones Adhyar, 1986.

Condé Filho, Osvaldo R. *A Guerra Psicológica Contra o Sono.* No prelo.

_____. *A Mitologia e o Esoterismo em O Senhor dos Anéis.* Brasília: Gilgamesh, 2004.

_____. *Introdução ao Esotérico.* Brasília: Thot Editora, 1987.

_______. I*ntrodução à Mitologia e à Arte Indiana.* No prelo.

_______. Tarot: *Os Vinte e Dois Passos no Caminho Sagrado.* No prelo.

Daniélou, Alain. *Shiva e Dionísio.* São Paulo: Ed. Martins Fontes, 1989.

Eliade, Mircea. *Tratado de História das Religiões.* Lisboa: Edições Cosmos, 1977.

_______. *O Sagrado e o Profano.* Lisboa: Livros do Brasil, 1987.

_______. *O mito do eterno retorno.* Lisboa: Edições Setenta, 1985.

_______. *Ferreiros e alquimistas.* Rio de Janeiro: Zahar, 1979.

Freher, D. *Paradoxa Emblemata,* séc. XVII.

Garrison, Omar V. *Tantra, a yoga do sexo.* Rio de Janeiro: Ed.

Civilização Brasileira, 1970.

GENIANA. *A forma como vemos o mundo depende do que queremos*. 2011. Disponível em: https://geniapsico.blogspot.com/2011/02/forma-como--vemos-o-mundo-depende-do-que.html?m=0 Acesso em: 8, jan. 2022.

GLEANSON, William. *Os fundamentos espirituais do Aikido*. São Paulo: Editora Pensamento, 1997.

GRILLO, Nícia. *Histórias da Tradição Sufi*. Rio de Janeiro: Ed. Dervish, 1993

GRIMM, Jacob e Wilhelm. *Contos*. Belo Horizonte: Editora Vila Rica, 1994.

IRWIN, William. *The Matrix and Philosophy: Welcome to the desert of the real*. New York: Carus Publishing, 2002.

KIST, Cristine; GARATTONI, Bruno. *Descubra as mentiras que o seu cérebro conta para você*. 2012. Disponível em: https://super.abril.com.br/ciencia/descubra-as-mentiras-que-o-seu-cerebro-conta-para-voce/ Acesso em: 8, jan. 2022.

KURZWEIL, Raymond. *A singularidade está próxima* (The singularity is Near) Penguin Books, 2006.

LYRA, Alberto. *O ensino dos Mahatmas*. São Paulo: Ibrasa, 1977.

MERTON, Thomas. *A Via de Chuang Tzu*. Petrópolis: Editora Vozes, 1974.

METZNER, Ralph. *Las Grandes Metáforas de la Tradición Sagrada*. Barcelona: Ed. Kairós, 1988.

NASAFI, Azizoddin. *El libro del hombre perfecto*. Málaga: Ed. Sírio, 1987.

OLIVEIRA, Jean Gomes. *Somos um grande vazio?*, 2017. Disponível em: https://www.saberatualizado.com.br/2016/08/somos-um-grande-vazio.html Acesso em: 8, jan. 2022.

Pagels, Elaine. *Os Evangelhos Gnósticos*. São Paulo: Editora Cultrix, 1979.

Poupard, Paul. *Diccionario de las Religiones*. Barcelona: Editora Herder, 1987.

Prabhavananda Swami. *Bhagavad Gita*. São Paulo: Editora Shakti, 1987.

Roerich, Nicolas. *Shambala*. Rio de Janeiro: Record Editora, 1990.

Roob, Alexander. *Museu Hermético – Alquimia e Misticismo*. Lisboa: Taschen, 1997.

Santos, Marco Aurélio da Silva. *Olho humano: um instrumento óptico*. S.d. Disponível em: https://mundoeducacao.bol.uol.com.br/fisica/olho--humano-um-instrumento-optico.htm Acesso em: 8, jan. 2022.

SG, Project. 2020. Disponível em: https://www.facebook.com/watch/?v=2539805409649980 Acesso em: 11, jan. 2022.

Sholem, Gershom G. *A cabala e seu simbolismo*. São Paulo: Editora Perspectiva, 1978.

Simons; Levin, 1998. *Cegueira à mudança: a superestimação da nossa capacidade visual*. Disponível em: https://amenteemaravilhosa.com.br/cegueira-a-mudanca/ Acesso em: 8, jan. 2022.

Sin-Léqi-Unnínni. *Epopéia de Gilgamesh*. São Paulo: Hemus Editora, 1982.

Stevens, John. *Os segredos do Aikido*. São Paulo: Editora Pensamento, 1998.

Suzuki, D. T. *Mística cristã e budista*. Belo Horizonte: Editora Itaiaia, 1976.

Tinoco, Carlos A. *O Pensamento Védico*. São Paulo: Ibrasa, 1992.

Ueshiba, Morihei. *Budo: os ensinamentos do fundador do Aikido*. São Paulo:

Editora Cultrix-Pensamento, 1991.

VIRTUOUS Tecnologia da Informação. *Como ouvimos os sons.* Só Biologia, 2008-2022. Disponível em https://www.sobiologia.com.br/conteudos/FisiologiaAnimal/sentido6.php Acesso em: 8, jan. 2022.

WIKIPEDIA. *Goa trance.* https://pt.wikipedia.org/wiki/Goa_trance Acesso em 10, jan.2022.

WIKIPEDIA. *Níobe*. https://pt.wikipedia.org/wiki/Níobe Acesso em: 8, jan. 2022.

OUTROS TÍTULOS DO AUTOR PELA PRÓ-CONSCIÊNCIA

GUIA DOS MELHORES FILMES ESPIRITUAIS, FILOSÓFICOS E ECOLÓGICOS

Uma excelente seleção de filmes com comentários, dicas bibliográficas e um índice temático no final para você explorar outras áreas de interesse.

A BUSCA ANCESTRAL NOS CONTOS DE FADAS

Um livro que analisa o simbolismo presente nas histórias "infantis".

OS TRÊS PORQUINHOS FILOSÓFICOS E O LOBO CURIOSO - Uma fábula para adultos

Você já pensou que algum dia o lobo mau poderia ser confrontado com três porquinhos filosóficos? O autor revisitou a história original dos "Três porquinhos", oriunda do século XVIII, e a transformou em uma fábula para adultos, por meio de questionamentos essenciais, ao mesmo tempo que preserva o lúdico deste clássico, muito bem retratado com as ilustrações da artista plástica Gaída Côrtes. O livro vem também com prefácio de Ezequiel Braga e posfácio de Roberto Crema.

EMIR ABDELKADER - Vida e Textos do Humanista Argelino

Uma delicada biografia do grande humanista argelino, mestre espiritual e poeta, Emir Abdelkader, chamado "Napoleão do deserto". Um estadista que exemplificou a atitude adequada de amor, tolerância e respeito, tão necessários em um mundo onde prevalece o extremismo político e/ou religioso que tanto sofrimento e atraso tem espalhado na humanidade. Emir, além de estadista, foi um mestre sufi que salvou milhares de cristãos da morte. O livro é prefaciado por Toufik Dahmani, Embaixador da República Argelina Democrática e Popular no Brasil.

Cinema e autoconhecimento

Venha fazer parte do Clube da Pró-Consciência

Cinema e autoconhecimento juntos

Acesse o nosso site:

www.proconsciencia.com.br/clubedapro

Título: *A MATRIZ tradicional de Matrix*

Impressão: Gráfica Athalaia

Formato: 14,8 x 21 cm

Capa: Cartão Supremo 250g

Miolo: Avena

Brasília, março de 2022